# 赢在未来 的 "虎刺怕" 小孩

*chutzpah*

吴维宁 著

北京日报出版社

# 吴维宁

- 以色列执业认证幼教教师
- 百万人气博客"雅妈的家"博主
- 台湾博客来、金石堂亲子教养畅销榜作家
- 知名教育媒体专栏作家
- 成长型家庭教育探索者
- 中以融合式家教实践者和引领者

中国台湾云林人，硕士毕业于台湾大学，读研期间另修教育学，取得"中等学校教师资格证"，曾任高中教师。2005年远嫁以色列，育有3女；2006年担任幼教教师，后担任幼儿园园长；2017年前往基布兹师范学院（Kibbutzim College of Education）进修，取得"出生到三岁教育"资格证书，同年在台湾地区开办以色列特有教学法"中介学习教育（mediation education）"工作坊，并定期视频直播讲授"中介学习教育"课程，受到广泛欢迎。其博客"雅妈的家——在以色列育儿的台湾妈妈观点"系统深度展现犹太教育以及育儿经验，点击量累计120余万。在《英语岛》《人本教育札记》《商业周刊》《亲子天下》杂志，"亲子天下严选"博客，kidsplay亲子就酱玩、"方格子""妈咪爱"网站等开设专栏。另著有《孩子，我要你做自己》《犹太妈妈这样教出快乐的孩子》等书。

放下焦虑，
看到最真实的孩子

# 如果想要孩子赢在未来，那么就给予孩子充满安全感、幸福快乐的童年

## 宝宝像"人工智能"中尚未写完的程序，发展过程中偶尔会产生"bug"

我本科念的是社会学，硕士则考上了台大教育学程，拿到"中等教育教师证"。来以色列之前，我对幼儿教育完全没有概念；来以色列后，开始学习新语言，并进入了幼教行列，虽然上过地方教育局的短期幼托课程，当时重点仍在幼儿照顾和健康，对于婴幼儿身心发展懂得并不多。

而嫁来没有多久，老大小雅就出生了。

我和老公"雅爸"就像所有新手父母一样，既兴奋又紧张，花了大把银子准备婴儿房和玩具。

产假过了三分之二（以色列的产假为十六周），小雅偶尔会躺在以色列称之为"大学"的婴儿游戏垫上玩耍。游戏垫上方挂着两三个色彩缤纷的玩偶，吸引宝宝视线，宝宝常常伸手挥打悬挂在眼前的布偶。

有一天，雅爸坐在游戏垫旁跟小雅玩耍，看到小雅努力地想要伸手打玩具，成功率不高却百试不厌，雅爸突然对我说："你看，宝宝多像'人工智能'中，有自学功能，但尚未写完的程序啊？"

"啊？什么意思？"计算机工程师出身的雅爸天外飞来一笔，我却是一头雾水。

"你看，人类婴儿的身体和脑子，并没有发育完全就出生了，像是没有写完的程序，不像大部分动物出生几个钟头或几天，就可以自己行走奔跑。人类婴儿却至少得依赖父母到两岁，才有初步的自主能力，距离养活自己、生育下一代就更远了。"

雅爸进一步解释："但这个程序是有自学能力的，婴儿出生后并不知道自己有手、脚、身体，脑子没办法好好控制身体，而是经由婴儿每次的不自主运动——打到或触碰物品，触碰点所在的肢体通过神经传导给大脑，告诉大脑碰到了东西，大脑再通过神经回复手脚要怎么反应。宝宝的脑子就是通过这种过程，逐渐学习身体的界限和各部位在哪里，以及如何控制身体去进行大脑要它做的事。"

哇！我这个念教育学的人，突然被读计算机的工程师上了一堂"幼儿神经学"。这种解读令我觉得有趣极了，开始对这门学科充满兴趣。

"发展过程中偶尔会产生'bug'（漏洞），例如宝宝神经接收信息的能力，可能比一般人敏感或弱感，对于光线或声音的反应便会不一样。这时可能要通过物理或职能治疗来'debug'（除错）。"雅爸继续说："**看懂宝宝的程序代码，并且给予正确的刺激与输入，对于宝宝的发展一定会有很多帮助，让孩子成长得更快乐更聪明。**以色列幼教很强调这部分，这应该也是你学幼教的重点吧？"

是的，以色列幼教强调早疗，职能治疗师、幼儿心理师和语言治疗师经常在幼儿园里穿梭。而且不只针对高风险或发展有问题的幼儿，而是观察全体孩子并"点状治疗"。用雅爸的话来说，每个人的感觉统合发展本来就有差异性，几乎人人身上多少都有一点"bug"（漏洞），连大人也一样，例如有人距离感不佳，容易跌倒；平衡感极差，无法走直线；对声音或衣料极为敏感或过敏……而许多小问题，若是幼师提早发现，通常只要短期早疗，就可以处理。

## 与其写出一个像大人脑袋的程序，
## 不如设法写出一个像三岁幼儿脑袋的程序

雅爸当时的一席话，完全点燃了我对幼教的热情，给了我全新观点来看待幼儿教育这件事。我突然了解了**养育幼儿不该只是响应生理和心理需求（直白一点就是：吃喝拉撒睡抱玩），而是站在"科学角度"，通过脑神经学、认知发展、心理发展、行为发展来了解"宝宝是如何从一个'未完成品'长成一个独立自主的人的"。**

所以，宝宝不再只是触动母爱情怀的柔软小可爱，而是会根据本能和特质，通过环境刺激而学习成长的人类，也就是说：某种程度上，宝宝是"可写入的"，而学龄前宝宝的"可写入性"又比学龄后高许多。和宝宝相处，勾起了我对人类学研究的兴趣。每个宝宝有什么不同的个性和特质？为什么对同样的刺激有如此不同的反应？为什么有的宝宝特别爱哭？为什么有的宝宝喜欢打人？如何让宝宝更有安全感、更能学习？……每个问题我都渴望深入去探究。

同时我也好奇：以色列这个国家，自从 2000 年由最高法院判定"父母体罚违法"，教师和父母被逼放下鞭子之后，各级教育体系、父母和社会面对孩子的成长问题，有多少理解和解决能力？如今，我从事幼教超过十年，这仍是让我觉得充满趣味和挑战的部分。

这几年"人工智能"（AI）发展快速，全球计算机工程师都在努力写出能够自我学习、纠正错误、分辨事物、精确分析数据的"人工智能"。而大家也渐渐了解到：**与其写出一个像大人脑袋的程序，不如设法写出一个像三岁幼儿脑袋的程序。因为幼儿的脑袋更加灵活，对于新信息有适应力和解决力，而不像大人脑袋已被既有的知识所局限。**

## 婴儿的天分不只是从环境中学习，父母的支持经验会让孩子习得"自我调节"的能力

然而，幼儿和"人工智能"还是非常不一样的。到目前为止，虽然科学家知道人是个有机体，但仍搞不清楚人类的"意识"（sense）如何发展起来的。人类婴儿的天分不只是从环境中学习（动物也可以做到），婴儿还能感受到周围人的情绪，并

解读他们的意图。在情绪表达与需求上，"人工智能"完全无法与人类婴儿匹敌，在可预见的未来，了解幼儿的情绪和学习能力，仍有一段极为漫长的路途要走。

从这一点来看，人类婴儿和一般人工智能完全分离。

**"共同分享"和"共同关注"是人类有意识学习的出发点，科学家发现，宝宝对于大人情感和注意力的需求是一种生存本能。**这要从 20 世纪 50 年代说起，英国心理分析师约翰·鲍比提出了"依附理论"（attachment theory）。他假设婴儿不能调节自己的感受，所以当他们饥饿、悲伤或孤独时容易感到不安，需要照顾者帮助"共同调节"自身感受。在早期关系中能妥当回应孩子的父母，才能养出有安全感的孩子。这种孩子长大后，就算再度面对饥饿、悲伤或孤独，早期父母的支持经验会让孩子习得"自我调节"的能力。这类孩子将更能面对人生中的重大困难，并且有自信能克服困难迎接挑战，相信自己终有机会再次获得幸福和满足。

相对地，如果大人没有做到这点，宝宝的心思和注意力就会全放在害怕、追求情感关注上，变得退缩且缺乏探索世界的自信，长大后则相应产生情绪困扰、人际关系差等问题，并且缺乏好奇心，没有什么余力去学习、创造。

## 幼儿是"未完成又有自学能力的人工智能"，只要"输入"开始改变，"输出"也会跟着变化

庆幸的是，近十几年来以色列心理学者在研究幼儿到成人阶段的"安全依恋"（secure attachment）时提出，虽然婴幼儿时期依恋十分重要，但在每个阶段人类都有再学习和补救的能力。我们的"安全依恋机制"也会促使我们继续寻找可以给我们安全依恋的人、事、物。如果不是父母，就可能是祖父母、邻居、学校老师……甚至是床上的布偶小熊。只要能够注意到自己的安全依恋类型，并且加以学习，仍有很大机会可以从早期亲子关系不安全依恋中脱离出来，重新建立自己和其他人的关系。

这几年以色列的幼师研讨会，也讨论了幼师如何协助那些无法和幼儿建立安全依恋关系的父母。毕竟，没有什么是来不及的，一旦父母察觉到自己与幼儿的互动问题，通常互动就会开始改善！而我们也提到，幼儿是"未完成又有自学能力的人工智能"，只要"输入"开始改变，"输出"也会跟着变化。

由于以色列早教（从出生到三岁）系统成熟，2010年后甚至把义务教育向下延伸到三岁（幼儿园小班）。宝宝四个月大后，父母和幼师会有非常多的联系和讨论，中央和地方也在教养咨询和幼儿发展问题上投入经费、引入专业型人才和机构。加上

犹太传统文化，因而我们看到以色列家庭养出来的孩子非常"虎刺怕"（Chutzpah）：不畏权威，厚脸皮，不怕犯上，有冒险和开拓精神，有创新能力，对于自己想要和觉得对的事情非常坚持，勇于面对困难，也有解决问题的能力。

当我们按照科学角度来教养孩子，如果希望"输出"（output）的是：聪明、有弹性、学习力、创造力，那正确的程序"输入"（input）必须是：给予孩子安全感、幸福感、快乐感！

颠覆一般"痛苦学习才能换来竞争力"的既定印象，以色列在烽火蔓延且环境困难的状况下，仍然可以养出既快乐又有安全感，充满活力和创新能力的下一代。

换言之，**如果你想要孩子未来聪明、情绪稳定且有竞争力，那么给予孩子充满安全感的、幸福快乐的童年，是最事半功倍的方式！**而不管你之前的教养方式是什么，从今天起，随时都可以改变，也一定都来得及。

目录

Chapter 1 看懂真实的孩子，
而不是想象中的孩子

# 没有坏孩子，
# 只有需要帮助的孩子

# Chapter **3** 克服挫折，让孩子
相信自己能改变世界

## Chapter 4 培养"虎刺怕"孩子，犹太教育盛产精英和富豪的秘密

# 看懂真实的孩子，
# 而不是想象中的孩子

你眼中的孩子，是乖孩子，还是坏孩子？

有没有可能二者皆不是？

孩子没有好坏，只有大人懂和不懂的差别。

LOADING ● ● ● ● ●

安全感　　能力感　　自主性　　独立性　　冒险心　　沟通力

# 幼儿身体里，
# 装了什么样的灵魂？

别再使用"坏孩子"这个字眼了！

你是"性善"还是"性恶"论者？不管是哪一种，面对孩子时，请先放下这种价值观，**从科学的角度去看孩子的本质和潜能！**

对于所有父母来说，宝宝都是天赐的礼物。那么柔软娇小的身躯，伴着一双仿佛洞彻世界的眼睛（其实是因为视神经尚未发育完成，要花很多时间聚焦，看得也不太清楚）。一开始宝宝就是吃喝拉撒睡，渐渐懂得了微笑，试图翻身，甚至发出宝宝音……这个时期，虽然宝宝不会讲话，但了解和沟通并不困难，父母能尽情享受宝宝的单纯和成长的喜悦。

然而，大概到一岁半、两岁之间，进入人生的第一个叛逆期，也就是人们常说的"猫狗嫌"。明明之前都很乖、很听话、很温和的宝宝，突然变得爱大哭大闹，难以沟通（通常也是从这一刻起，父母得花力气去听懂孩子的话，直到他们长大）。很多父母会有"我的宝宝怎么突然变坏了？"或是"我是不是做错了什么，他才变成这样？"的疑问。

## 人性本善 VS. 人性本恶？

从这些父母与幼儿的亲密互动中，因为挫折、困惑和不知所措，面对的又是不会解释自己、无法为自己负责的小孩子，我们幼教老师自然听到了各式"性善"和"性恶"说。很多父母设法从哲学和"人的本性"来解释自己和宝宝的互动是怎么一回事。他们跟我交谈时，从西方哲学中寻找各式各样的说法，亚当·斯密、卢梭、叔本华、黑格尔到霍布斯，搞得就像宝宝脑子里住了一个古老的灵魂，听从某一派的哲学一样。

主张"性善"论的父母相信幼儿出生时是"一张白纸"，教养好坏决定了幼儿的行为举止，因此当幼儿有些"大人认为不好"的行为时，父母便会反思是否是自己的教养方式有误，或是其他大人对待幼儿的方式出现问题，所以幼儿才会有这种反应。

主张"性恶"论的父母则认为幼儿天性自私，没有同理心，只要有机会就会设法逾矩。这些父母非常注意孩子的负面行为，认为幼儿需要很多的规范和管教，才可能把自己的手脚管好。他们未必会打孩子，但在言语之间，对于行为规范比较差的幼儿会有所抱怨，觉得这些孩子怎么会那么坏？而孩子如此不乖，为什么父母不好好管教？

换言之，前者认定孩子的负面行为来自于环境教养，孩子本质是好的，是环境和大人的影响才会让孩子变坏；另一类的父母则认定孩子本质自私，只想到自己，坏行为需要好的教养才能扭转。

## 从科学看人之初

不论站在哪一边都有其立论与可辩之处。然而，**父母对于人类本质的评断方式，很容易主导其教养方式和态度。若父母过度依赖自身价值理念来教养孩子，却忽视幼儿发展的需求和能力，很容易对幼儿产生过高期待和不当评估。**

作为一名幼教工作者，我当然知道父母需要有一套看待幼儿的方式，也知道每位大人面对自己的宝宝时，有许多属于自己的挣扎、投射和自我成长的因素掺杂其中。从哲学角度来解释幼儿发展，对写小说或深思人性或许有些帮助，但是若想要真正了解孩子、给他们提供最适合的教养方式，就不是那么有效了。

最好的方式，是**放下所有先入为主的价值评判，去做客观描述和解释**。

有趣的是，这个写出《希伯来圣经》（也就是《旧约圣经》）的犹太民族，虽然在经典中告知"杖罚"孩子的父母才是好父母。然而这些年来，我在教育现场碰到的却多是强调"尊重孩子本性"的"性善派"父母，跟我在故乡演讲及在线答疑碰到来求助的"性恶派"父母，形成强烈对比。以色列父母强调爱和包容，同样，在我的故乡，父母也是，但更强调纪律以及配合大人的生活。

不过，且让我们放下先入为主的价值观，回到初衷：人类宝宝是个"半成品"，在母亲子宫中尚未发育成熟就脱离母体，他们没办法自己进食、走路，比起其他生物，更依赖父母的照顾。此外，每一位宝宝都有自己独特的气质：有些孩子就是睡得多，有些孩子就是吃得很少，有些孩子就是对光线敏感，还有些孩子就是缺乏触觉反应……

而孩子不同的气质和生理上对于环境刺激接受度的不同，常会影响孩子的行为举止和反应，不见得跟情绪、意识有关。比如说，一个空间概念较弱的孩子，可能会常常打翻杯子或踢到东西，这种时候一直骂孩子或要孩子多加小心，基本上于事无补，只是发泄大人的情绪而已。

## 换一个角度，重新解读孩子

对于幼儿的情绪与行为表现，我们在幼儿园通常只做两件事，首先是客观描述，再就是通过对幼儿的身心发展和团体需要的评估，找出解决办法。例如：最近幼儿园有个一岁多的孩子会突然拿起玩具乱丢，因为大家坐得很靠近，常常会丢到其他孩子身上。

此时，如果我们和父母说："这个孩子最近行为恶劣，会拿玩具丢其他孩子，常把其他孩子打哭，实在非常危险！"

主张"性恶"论的父母就会觉得自己孩子真的很坏，需要好好教导一番。

主张"性善"论的父母可能认为老师胡乱指责孩子，搞不好是因为其他孩子捉弄他，所以他才会反击。

从大人的角度看事情，已经有了属于大人的诠释与结论，这是我们最想避免的，因为结果往往带来无效沟通。此时，我们会和父母说："这个孩子最近常把玩具拿起来后就丢出去，有时会打到其他孩子。"

再读一次，比较这两种说法的异同：

◎ 这个孩子最近行为恶劣，会拿玩具丢其他孩子，常把其他孩子打哭，实在非常危险！

◎ 这个孩子最近常把玩具拿起来后就丢出去，有时会打到其他孩子。

第二句话完全是客观描述，没有任何价值判断，这样一来，不管父母的主张是什么，都能开启讨论的空间。

一般父母的反应通常有些吃惊，但紧接着便会询问原因和思考解决办法。

一岁出头的孩子为什么会乱丢东西呢？从幼儿发展来说，那是他们探索世界的一部分。他们突然发现自己不只有能力把东西拿起来，还可以丢出去，而且丢出去的东西都会掉到地上，不会浮在天空。如同孩子刚学会走路时，很爱"趴趴走"，那么刚发现自己可以把东西丢出去的孩子，有什么理由不一直重复这个新技能？

当然，无论如何，大人总会阻止孩子乱丢东西，但因为对幼儿行为的诠释不同，阻止时所采取的态度就会不一样。

如果我们理解幼儿的"负面"行为其实只是发展的过程，不是故意使坏找麻烦，便能耐心而坚定地告诉他：不可以在人多的地方丢东西，不可以朝着有人的方向丢东西（团体和社交需求），因为危险。

不用怀疑，一岁多的孩子不会清楚"危险"是什么东西，但在幼儿园里，唯一会被幼教老师禁止的就是造成危险的行为。孩子听到"危险"两个字，会知道那是"被禁止的事"（而非"不对"或"不好"的事，孩子在这个年龄也没有能力了解那是什么意思）。

## 以色列幼教，允许孩子乱丢东西？

看到这里，可能有人会问我，以色列幼教允许孩子在没有人的地方丢东西吗？我的答案是：是的。

以色列每个幼儿园的户外，都有个"乱丢区"，让孩子可以在不伤害到他人的状况下，把桌上、柜子里的东西都丢到地上，那是为了满足孩子每个阶段不同的生理或心情需求而设计的。小孩子是因为好奇和试验，大孩子则是为了发泄过多的精力或生活中的各种挫折感。孩子丢东西有时会砸到自己的脚，这也是学习的一部分——孩子需要学习如何使用力气而不伤到自己。

而大人面对幼儿负面行为的反应，也会深刻影响幼儿对自己的认知。如果大人总是带着怒气指责幼儿不对、不好、不负责任（大人常常忘记，在法律上得满十八岁才算是有完全行为能力的人，要求七岁以下的孩子负起责任，有点莫名其妙），当幼儿被大人指称是个坏孩子，他就会觉得自己坏，自己一定有不好的地方，才会受到如此对待，进而渐渐内化，相信自己不够好、不够值得别人爱；反过来说，如果大人对幼儿负面行为的诠释，都是大人不好、环境不好、其他孩子不好，幼儿就学不会如何与其他人正常相处，甚至觉得自己做了什么别人不喜欢的事，那都是别人造成的。这二者都不是有效的、正向应对问题的做法。

因此，作为一名幼教老师，面对新入园孩子的父母的第一件工作，就是请他们放下对于幼儿的"善恶之分"的评判。"善恶""好坏"都属于价值衡量、道德判断，是社会化后才出现的东西。对幼儿来说，只有好奇的、活动量大的、不需要很多睡眠的、手眼协调度不够的等这类客观事实。幼儿的负面行为多半反映出他们的不适应。所以这些年来，以色列教育体系和童书绘本，已经不再出现"坏孩子"这个词。使用这个词的学校老师，会被视为是专业度不足且充满偏见。

哲学讨论是属于大人的，在面对幼儿和孩子时，请**摘下专属大人的眼镜，蹲下来用孩子的高度来看世界**，也请大家别再用"坏孩子"这个词教训孩子了！

# 先看到你的孩子

放下"性善"与"性恶"的评判方式之后，如何选择教养方式？在选择你的教养工具之前，要先看懂宝宝的先天气质和需求。

以"喂奶"为例，便分出了两派各处于极端的父母，随着孩子的成长，这两类父母不管是面对孩子的情绪、负面行为、冲突，甚至是生活态度，往往也会分站两边。换言之，这两派父母不仅仅是喂奶意见不同，而且对于"纪律"与"自由"的要求也不同。

生了第一胎之后，我常会上妈妈宝宝类的网站论坛，了解其他妈妈碰到的问题与解决方法。这么多年来，"自由喂奶派"与"定时喂奶派"之间的争论始终不休，而这类把教养方式分在天平两端的争辩，到处可见，好像世事非黑即白，没有灰色空间。

"自由喂奶派"主张宝宝饿了就吃、想睡就睡，顺着宝宝的意愿与生理需要作息。这些妈妈认为"定时喂奶派"的妈妈不把宝宝当个人，把自己的意愿强加于宝宝身上。

"定时喂奶派"则认为定时喂奶对健康比较好，也对妈妈比较好，最好还有定时作息表，要训练宝宝照表作息。她们认为"自由喂奶派"打算累死所有妈妈，而且还给定时喂奶的妈妈扣上"不顾孩子，只顾自己"的大帽子。

我常看到两派人马在网络上吵翻天，我了解刚生完孩子的妈妈体内荷尔蒙都很旺盛，每个人也都相信自己做的选择是对宝宝最好的！

## 用一种方法养百种孩子，对吗？

若问我会选择哪种方式，首先，一定不会是"定时喂奶派"。

"定时喂奶派"延续了"百岁派"的作风，教导要让宝宝每四个钟头吃一次奶；放任宝宝每次多哭几分钟，以训练睡整夜；用"吃、玩、睡"模式，帮助宝宝适应成人作息。

作为一个幼教老师，我很想问采用这个方式的妈妈：

"你们怎么知道宝宝需要一个钟头、两个钟头，或五个钟头吃一次？四个钟头是谁定的？为什么这样定？"

"除了让宝宝哭外，有没有其他办法可以协助宝宝安睡？"

"如果宝宝是吃完就睡着了，跳过了中间的'玩'有没有关系？有什么关系？这个作息顺序到底有什么价值？"

事实上，很少有母乳宝宝可以一出生就撑到四个钟头才吃一次奶，出生时体重较重和较轻的宝宝，吃母奶的频率可能更频繁。

至于放任宝宝哭泣这件事，更具严重性。我受的幼教训练一再告诉我，**宝宝通过哭泣与世界沟通并产生联结，如果大人总是不回应宝宝的哭泣，宝宝最后会选择不再哭泣，不是因为宝宝"变乖了"，而是因为宝宝放弃与外界沟通（就算他或她再哭也没有用）。**

在出生的头一年，需求总是不被满足的宝宝（饿时没奶吃、哭时没人抱），长大后较缺乏自信心与安全感，建立亲密关系与处理挫折的能力也相对较低。若选择"定时喂奶派"，要特别注意：若定出来的作息时间表适合你的宝宝，将会得到如"百岁派"说法：满足又有安全感，睡得好、吃得好的宝宝；然而，若这个时间表不适合你的宝宝，又硬要宝宝照着做，恐怕将是一桩不幸的事！为了让宝宝睡整夜或定时吃，而牺牲掉宝宝对世界的信赖与安全感，值得吗？

## "定制化"适合宝宝的作息表

那么，有没有对宝宝好，又不会累死父母的教养方式呢？

当然有！而且在以色列早教中，这是幼师协助父母的重要课题之一。要找出成功的教养模式有两大前提：

**1. 了解新生宝宝的普遍身心发展：** 比如说，刚出生的宝宝还看不清楚世界，不知道什么是害羞，什么是生气，他们不舒适的时候就会哭，舒适时就很安静，甚至会探索世界……

**2. 你手上这个宝宝，有自己的个性与习惯：** 他的体重多少？睡眠的规律如何？爱不爱哭？多久吃一次奶？

只有在两相配合的状况下，父母才能掌握宝宝自身的作息时间表，配合宝宝的习性来逐步微调，渐渐调整成大人可以接受的时间表。

例如，我们都知道宝宝晚上不睡觉真的是噩梦，父母因为睡眠不足而造成各种工作与情绪上的压力，因此让宝宝睡整夜非常重要。但要怎么做才是"顺着宝宝的个性与需要来引导"，而不是"训练宝宝"呢？

以色列幼教界的回答是：照着宝宝身体发育来看，体重超过五公斤，而且每天睡眠周期有出现一次超过五个钟头长睡眠的宝宝，比较有机会引导成功。要让宝宝睡整夜，不是每晚让他多哭一会儿，而是通过白天的活动、饮食与睡眠状况调整，也就是大人要在白天多花些力气与时间带宝宝出门、陪宝宝玩耍，并且把宝宝喂饱。

而喂食这件事，宝宝大多有自己的时间表。以我的经验，母乳宝宝约两到三个钟头吃一次；奶粉喂养宝宝则是三至四个钟头一次。以色列幼教鼓励在宝宝出生半年内，完全顺着他的需要作息；六个月大之后，配合辅食的加入，再渐渐将喂食时间固定下来，接着把睡眠时间也固定下来。

从幼儿发育理论中，我们知道固定作息是有道理的：固定作息对于宝宝很重要，通过不断重复发生与操作，宝宝会渐渐记得生活排序，知道什么时候要吃饭，什么时候要睡觉，这将给予宝宝很多的安全感与自信心。尤其是对母亲无法随时跟在身旁，需要由第三者照顾的宝宝而言，更是重要！

但前提还是——"定制化"适合宝宝的作息表，而不是用一张作息表套在所有宝宝身上！若还是搞不清楚宝宝的个性和合适的方式，那就先请照顾好宝宝的安全感。

因此，回到最初的问题：要定时喂还是自由喂？要怎么让宝宝睡整夜？在决定这些事之前，请先好好看看自己的宝宝。

**只有看到了、看懂了、了解了你的宝宝是什么样的个体，才有可能选择正确的教养方式。**在此之前，随便套个方式来养孩子，就像是不先看汽车该用哪一款汽油，单纯凭着自己相信某种汽油最好，就胡乱加下去。除非很幸运用对了，不然对汽车的损害就严重了。请做父母的一定要谨慎考虑啊！

　　* 本文改写自《犹太妈妈这样教出快乐的孩子》中《先看懂宝宝的特质，再来谈教养》一文，中国台湾小树文化出版。

# 从感觉统合，读懂宝宝的状态

要看懂宝宝先天基因带来的影响，首先要懂得什么是"感觉统合"。

感觉统合（Sensory Integration）是由职能治疗师爱尔丝（Anna Jean Ayres）于 1972 年提出的。当时她下的定义是："一个体内神经系统交互作用的过程。通过我们身体部位与周遭环境协调出适当的感觉，让我们在环境中可以有效地使用身体。"

她从对学习障碍儿童的研究中，归纳出其理论架构。简单来说，就是大脑对各种感觉器官（五感）传来的信息进行分析，综合处理，然后做出正确的反应。而任何一个感觉器官的神经反应过于敏感或迟钝，都会导致大脑判断错误，做出不适当的响应。

例如幼儿容易跌倒、平衡感太差、不愿意碰触湿软或会脏手的材质与食物、细微动作或粗大动作发展太慢、害怕旋转或完全不害怕旋转、难以入睡……都可能是感觉统合失调的表征。

若这样的解释太复杂，不妨试着揣摩，成年人因为事故造成手掌神经受损，大脑无法控制手指拿筷子。所以我们进行复健，通过按摩来刺激神经，重新恢复与大脑的联结，进而学会拿筷子。

而刚出生的宝宝因为神经系统与大脑尚未发育完全，几乎从一出生就靠着反射与不自主活动开始"复健"。这也是我们在床边放玩具的原因，借以训练宝宝的视线聚焦，挥舞手脚时打到玩具，神经便能传递信息给大脑，让宝宝逐渐了解自己有手、手掌、手指头、脚……

从出生到六个月大，是宝宝"认识与控制"身体的阶段。在以色列，完全不鼓励帮新生宝宝戴手套，虽说宝宝因为无法控制自己的手，时常会刮花自己的小脸，但宝宝学得很快，通常两周后就不太会有灾难出现，而成果便是一个早早对手指、拳头有控制能力的宝宝。

## 给予足够刺激，孩子就能自我学习

"感觉统合"并不是什么新学问，幼儿理论早就告诉我们：

幼儿，特别是零到两岁的宝宝是靠感觉来认知世界。然而现代社会中，孩子生得少，大人保护过度；生活在都市的幼儿，活动空间局限，愈来愈难接触到大自然。在这样的状况下，有"感觉统合失调"这种"文明病"的幼儿，便愈来愈多了。

因此，当幼儿平衡感太差、口水流不停、坐起来太慢、太过不专心、对外界反应过于迟钝……都会被幼教专家或幼儿园老师建议前往职能师门诊处。然而在以色列，并不把"感觉统合"视为特殊教育的一环，而是直接引入幼儿园日常教育之中。

以色列幼师规划幼儿园作息表时，完全遵守爱尔丝的概念："幼儿期教育应以动作发展及感官训练为主，所以幼儿可以通过自己的直接经验自我学习。"

我们相信只要给予幼儿足够的环境刺激，孩子就能够自我学习；换言之，**老师的职责不是"教会"幼儿什么事，而是陪着幼儿经历各种感官与肢体活动，扩大幼儿的生活经验。**在幼儿园中也有"感觉统合"的部分教具，包括铁转盘、布袋、平衡台、蹦蹦床等。

当然，幼儿园中发育正常的幼儿占多数，大部分孩子从幼托中心到大班，都不需要治疗。那为何以色列要把感觉统合带入教育第一线？

在一次外训中，我向教授如此提问。她说："其实人类不可能'感觉统合完全正常'，就像没有人拥有百分之百对称脸一样。"她问了在场所有幼师，是不是有人不愿碰沙子？有人不愿碰黏土？有人看到杯子放在桌角就会十分不安？（她说到这里，我想到自己走路常会撞到电线杆或踢到消防栓，看来我的"感觉统合"能力亦非百分之百。）

因此，她相信把这套理论带入教学现场，普通孩子中的大部分一样会受惠，发育得更好。

## 好处 1. 避免环境刺激过度或不足

作为父母，特别是新手父母，对于幼儿的发育速度常有很多疑问，像是：宝宝到了十个月还不会坐，是不是有问题？孩子走路一直跌倒，到底要怎么办？"感觉统合"职能师通常可从神经学与职能治疗的角度提供解答，甚至是职能治疗的小技巧。例如，我家孩子到了三岁还在流口水，职能治疗师判断她口腔与嘴唇周遭的神经太不敏感，建议用手或牙刷按摩口腔及嘴唇周遭肌肉，甚至是咀嚼口香糖，来进行"复健"。

另外，感官职能师的提早介入，可以协助父母越早察觉出教养上的小问题。像我家孩子六个月大时，她还总是紧握拳头，扶奶瓶时都只使用手指头。感官职能师说这是由于手掌心接受到的刺激不足，孩子感觉不到，所以才不使用手掌心。建议我们在孩子趴着时要打开她的手掌，并且常常按摩。

同理，偶尔环境会提供过度的刺激，而让幼儿倾向于某种行为。像在三岁之前，幼儿都不该有特别使用左右手或左右腿的偏好。所以我们教幼儿吃饭时，不要直接把汤匙放在他右手或是盘子的右边。如果大人总是这样做，等于是环境给予右手"过度刺激"，让幼儿习惯使用右手；不如将汤匙放在正中心（也就是幼儿的鼻下），让幼儿决定用哪只手拿汤匙。

## 好处 2. 协助大人看懂孩子的"坏行为"

在幼儿两岁左右，我们就可以清楚地看到幼儿的行为表现：有些孩子易怒，有些动不动就哭，有些爱打人，有些则非常爱咬人，或是有些孩子看到别人哭了会去抱他，也有些孩子走过去打正在哭的孩子……

作为家长或幼教老师，我们常会以"这就是孩子的个性"来诠释，出现"这孩子个性差一点""那个孩子跟他爸一样坏"这类评语。

懂得"感觉统合"之后，大人面对幼儿的负面行为，能有更多思考：孩子听到其他孩子大哭还跑去打他，会不会是他无法忍受噪音？孩子一进幼儿园碰到人就打，完全停不下来，会不会是他对于环境刺激反应太过，无法控制自己的手脚？

这个理论让大人可以跳脱"个性"与"心理状况",转换成另一个看待孩子行为的角度,进一步去理解孩子的"坏行为"可能是个"求救信号":一进园就打人的孩子,很可能需要去蹦蹦床上跳个十分钟,或是去打拳击沙袋;听到其他孩子哭就打的孩子,可能需要把他带离噪音场合,让他冷静下来。

## 好处 3. 协助幼儿平衡发展,
##      为赢在未来打好基础

而以色列把感觉统合引入幼教,最大的目的当然是协助孩子学习。儿童心理学家及教育学家皮亚杰 [1] 认为,幼儿期的感觉及运动发育是日后学习是否成功的关键;近代的科学研究也证实,幼儿如果能在环境中接受大量的感觉刺激,其脑部功能可获得更好的发育,才会更聪明。

更重要的是,**感觉统合教育本来就是顺应幼儿自然发展天性的,协助幼儿感受环境的刺激,平衡身心发展,这样才能有较稳定的情绪,做出适当的行为,有余力去探索世界或专心学习。**

---

1　让·皮亚杰(Jean Piaget, 1896—1980),是近代最有名的发展心理学家,他的认知发展理论在近代认知心理学中,有举足轻重的地位。

"你想想，进了小学后，坐在位子上，如果隔壁同学把水杯放在桌角，或是他的衣服擦过桌子时发出的沙沙声让你心神不宁，自然会影响到你的学习兴趣与专注度。我们引入'感觉统合'的概念，就是要让孩子在上小学之前准备得更好、更坐得住、情绪更稳定。这样才有余力进行学习啊！"教授解释道。

那天我笑着跟教授说："原来这就是以色列让孩子'赢在未来'的秘密啊！"

　　* 本文改写自《犹太妈妈这样教出快乐的孩子》中《结合"感觉统合"的以色列幼教》一文，中国台湾小树文化出版。

# 孩子的"原始程序代码"
## ——天生气质

　　每个宝宝都有先天带来的"程序代码",组合出不同的"天生气质"。美国成人精神科医生托马斯（A. Thomas）和儿童心理医生切斯（S. Chess）将"天生气质"分成九大维度,并且交错分析出"好养型""慢吞吞型""需要多花些力气养型"等三种天生气质。

　　前些年,我曾带过一个叫欧文的小男孩,二十二个月的他非常聪明,领悟力极佳,灵动的眼睛中有对世界的好奇。他个性非常活泼好动,跟装了电池的兔子一样,整天动个不停,完全静不下来,然而用尽体力后,他也比一般孩子累得快。他常在吃中饭前突然大吵大闹,然后倚靠在老师身上睡着;再长大一点,则变成午餐时在饭桌上睡着。

虽然他父母作息很规律，但欧文睡不定时、饿不定时，有时可以连睡十二个小时，有时又两个钟头就醒来，醒来之后便很难入睡。每天早上，我常看到他睡眼惺忪的父母，送精力充沛的孩子来上学，问及前夜睡眠状况时，他们往往给我一脸苦笑。

欧文刚到幼儿园时，没有分离焦虑的问题，并很快喜欢上幼儿园的 A 老师。但除了 A 老师之外，他对其他陌生人的接受程度都很低，如果有临时来代课的老师，欧文会哭很久，无人能安抚。此外，他容易分心，玩游戏时，甚至有人不出声地经过，都会让他抬头看人而中止游戏；但如果他想要别人手上的玩具，就算老师一直诱导他去玩别的东西，他还是会伺机从其他孩子手上把东西拿走。

欧文常会突然扑向别的孩子，坐在他们身上，有时没事做，还会拿玩具敲别人的头。即使老师表明禁止，而且已经跟他好好说，说很多遍都没有用。他表达情感的方式很强烈，不是大哭就是大笑，常常突然接近其他孩子，吓得别人大哭。特别是他不怕高，粗大肢体动作极好，老做出一些危险的动作而导致跌倒。但他跌倒时，除非摔得很痛，不然他非但不哭，还会哈哈大笑，好像很享受摔下来的刺激感。

## 九大气质，判断孩子原始码

**两岁左右的孩子正是发展和建立自我的年龄，其实不适合给予幼儿太多负面的语言暗示**，然而如果家里有个像欧文这样的孩子，不管是他呈现出来的好动，还是干扰其他人的情绪和行为，都逼得大人不得不老是跟他说"不可以"。

而一天到晚被说"不可以"的欧文，行为并没有因此改善，反而有时更变本加厉地"没事找事"：找到机会就大哭，或是打其他孩子，怎么劝说都没有用，大声斥责只会让他哭得更厉害，有时甚至会得到微笑的反应，让人无法不恼怒。

那怎么办呢？我们了解欧文是个需要时间来教养的孩子，知道他偶尔会控制不了自己的行为，知道他不是故意的，知道不能常常对他说"不可以"，但他的负面情绪和行为还是一直持续，在家里影响父母的生活与情绪，在园里影响班级运作和其他孩子。

欧文的父母从学期开始就跟我谈了很多次。虽然以色列是个对幼儿极具包容力的社会，但欧文在公共场合（公园或其他幼儿游乐场）的行为让他们胆战心惊，并经常被其他父母"提醒"。他们了解欧文不是故意的，相信欧文是个好孩子，但不了解为什么他"怎么讲都不听"。

有一天夫妻俩又沮丧地找我。我请欧文的父母先坐下来，拿出一份"幼儿天生气质量表"给他们。我跟他们说，在以色列做父母，有一半的人需要认识这个量表，因为做完之后，可以更了解自己的孩子，以及自己跟孩子的互动是怎么一回事。此量表主要目的在于评估一至三岁幼儿（后来有改良版，甚至有小学生版本或成人版本），天生对内外刺激的反应方式。其中有九大气质维度：

1. **活动量**：指幼儿全天的活动中，动作多少、节奏快慢、幅度大小，并衡量出孩子活动量的大小。

2. **规律性**：观察生理上的机能、有没有固定吃饭、睡觉的时间，孩子规律性的养成"容易"还是"不容易"？

3. **趋避性**：对新的人、事、物，第一次接触时是"接受"还是"退缩"？像新老师、新环境、新食物、新玩具等等。

4. **适应性**：要花多少时间去适应新的人、事、物？适应时间的"长短"是评估重点。

5. **情绪本质**：正面情绪与负面情绪的比例，平常是正面情绪多，还是负面情绪多？以电影《头脑特工队》（*Inside Out*）来想象，主导你孩子情绪中枢的是哪一种情绪（乐乐、忧忧或怒怒）？

6. **反应强度**：对于外界或内在刺激的反应程度，也就是喜怒哀乐，需求和意思表达的强度，而其情绪表达是快速而强烈，还是缓慢而冷淡？

**7. 反应阈：** 引起孩子某种反应所需的刺激量，是否需要很大刺激量才能让孩子有所反应？或是相反？

**8. 注意力分散度：** 做一件事情时有多容易分心，很专注还是坐不住？

**9. 坚持度：** 指一个人正在做某件事情或正想要做某件事情，却有外来的干扰时，幼儿克服这个影响持续做下去的程度，坚持度偏高还是偏低？

## 需要花力气养的孩子是什么样的？

我请他们填写这份量表，然后解释："这九大维度交错分析出'好养型''慢吞吞型'和'需要多花些力气养型'三种天生气质。"

我请欧文的父母在每个维度下写下对自己孩子的评估，是高还是低、是正向还是负向。

而三类孩子的反应方式则是：

**1. 好养型：** 有规律、适应性好、不用花太多时间去适应新的人、事、物，对于新人、事、物的接受度高，多是正面情绪，一般而言心情很好，对于外界刺激的反应低或是中等，容易冷静下来。

2. **慢吞吞型**：活动量低，对于人、事、物第一次接触的接受度低，也要花很多时间才能适应。负面情绪的比例不见得很多，但常会抗拒或因为不愿面对新挑战而哭泣，但过了之后就很平顺，对外界刺激的反应度低，要有很多刺激量才能让他有反应。

3. **需要多花些力气养型**：没什么规律性、调整饮食和睡眠作息很花时间、活动量很大、醒着的时候就不太能静下来。对于人、事、物第一次接触的接受度低，也要花很多时间才能适应。对于外界刺激反应激烈，整体而言，一整天下来负面情绪比较多。对于事情的坚持度很高，难以改变孩子的想法。

当然大家都很清楚，欧文就落在"需要多花些力气养"这一型。天生气质没有好坏之分，幼儿天生对内外刺激反应就不一样，就像有人比较畏光，有人不怎么怕吵，只不过是"神经大条"或"太细腻"的问题。

意思是，孩子有负面行为，不是他使坏，而是出自天生的反应，就像我们眼睛突然看到强一点的光线会反射性闭上。如果没有办法让孩子适应强一点的光线，我们一直要求他不闭上眼睛，他是做不到的。

欧文父母仍不解："为什么欧文一天到晚坐在其他大人或孩子身上？明明旁边就有空位，也跟他说明了，他就是硬要坐在别人身上。"

"需要多花些力气养的孩子常常有些感觉统合的问题，欧文的问题是触觉接收量不足，"我说，"当孩子有这种问题时，会不自主地寻找身体碰触，不然安静不下来。欧文不只喜欢坐在别人身上，也常常寻找狭小、可以把自己塞进去的空间。"

如果你家也有这种类型的孩子，请给他比一般孩子更清楚的行为界限，更规律的生活作息，他也需要更多的安全感、身体按摩和活动量。

### 九大维度 × 三大天生气质 交叉分析表

|  |  | 好养型 | 难养型 | 慢热型 |
|---|---|---|---|---|
| **活动量** | 幼儿全天的活动量大小 |  | 高 | 低 |
| **规律性** | 规律性的养成容易还是不容易 | 规律 | 不规律 |  |
| **趋避性** | 对新的人事物接受还是退缩 | 积极 | 消极 | 消极 |
| **适应性** | 要花多少时间适应新事物 | 短 | 长 | 长 |
| **情绪本质** | 正面情绪多还是负面情绪多 | 正面 | 负面 |  |
| **反应强度** | 喜怒哀乐的表达强度 | 低~中 | 高 | 低 |
| **反应阈** | 引起反应所需的刺激量大小 |  | 低 | 高 |
| **注意力分散度** | 容易分心还是极专注 |  | 极高 | 偏低 |
| **坚持度** | 有外界影响时，是否能坚持正在做的事情 |  | 低 | 高 |

## 接受孩子的天生气质

**理解、接受孩子的天生气质，是了解孩子的第一步，父母才懂如何给孩子提要求、什么是超过孩子能力的事**，夫妻双方才能放下"明明我和伴侣都是这样的人，怎么生出的孩子竟是如此"的心情。

父母如果和孩子天生气质类型相同，那就比较能够了解幼儿的需求。然而，若两者气质差异过大，父母很容易在孩子成长过程中充满困惑和疑虑。例如，幼儿易哭、不好安抚，而父母个性却是喜爱安静、无法忍受长时间吵闹，自然容易对幼儿比较没有耐性，并产生许多焦虑。

之前我曾碰到过和幼儿相处得非常挫败的新手妈妈，产假结束前的会谈，她极度焦虑、疲倦和沮丧：一方面觉得自己不够好，没办法了解并满足宝宝的需求；另一方面又觉得这个宝宝是生来折磨她的，无法从宝宝身上得到她需要的回馈，令她不知所措；然后，对于自己竟有如此想法，不能像其他妈妈自然地爱宝宝，感到非常愧疚；紧接着，不由得想到连亲生妈妈都受不了这样的宝宝，那幼托中心的保姆和幼师都是陌生人，会善待这个难搞的宝宝吗？因此更加焦虑和担心了。

然而幼教老师都很清楚宝宝的气质差异，不同宝宝只是需要不同的教养方式而已，这时妈妈多了解一点宝宝的天生气质，并稍稍调整对宝宝的期待与对待方式，便能渐入佳境了。

# 世界在孩子眼中的模样

除了肢体与感官发展，近代心理学也很关注幼儿的认知发展。**幼儿因为经验和理解能力不足，看世界的方式其实和我们非常不一样，不能用大人的眼光来诠释和解读，不然只会对幼儿产生更多误会。**

多年前，我在报章上读了一则新闻：一个两岁多的幼儿爱玩，从父亲口袋的皮夹里抽出大额纸钞来玩耍，这个行为被辛苦工作的父亲认作"偷钱"，生气地赏了几巴掌，造成他听觉神经受损，影响一辈子的听力。

当时，我没有急着裁判父亲的对错，年轻的我对幼教仍一无所知，但我注意到的问题是："我要如何知道幼儿是'偷钱'，还是把纸钞当玩具？分不出来，又要如何教孩子？"

那时真的太过年轻，生孩子就像世界尽头一样遥远，所以这个念头一闪即逝。直到在以色列开始幼教工作，那年的心情和疑惑，才又被教学现场的孩子唤醒。

## 幼儿到底听不听得懂大人的话？

开始在幼儿园上班的那一年，我常被调派去不同年龄段的园班提供支持，孩子的负面行为和情绪总让我百思不解，有一百个为什么不断冒出来。某天园长有空时，我忍不住问出了脑中疑惑："为什么孩子相信桌子和椅子会自己走动，只在我们注视的时候，像一、二、三木头人一样静止？或是孩子的苹果被别人吃掉，我拿一个给他，明明是一样的苹果，为什么他不肯接受？"

园长听后笑着说："Winnie，你认识'皮亚杰'吗？有空去翻一下他的认知发展理论。尽管这些理论未必能解决你在幼教现场碰到的诸多问题，却能够帮助你理解孩子是怎么思考的，一旦看懂了孩子眼前的世界，想出来的解决方案和对应方式就会有所不同。"

我愣了一下："怎么说？"

"我简单解释一下好了。"园长说。

"皮亚杰的理论主要是解释人类如何获得和理解新知识（称

之为'认知发展'或'智力发展')。幼儿出生后，开始接受外界刺激，脑部会处理信息并发展出处理信息的策略。皮亚杰认为人类天生拥有'组织'和'适应'的能力，两者都是生存本能。

"组织'信息和信息之间的关系'时，即产生了一套思考模式，他称为'图式'（schema）；而所谓的适应又分成'同化'（assimilation）和'顺应'（accommodation），前者是把相关的类似信息凑在同一个图式里，后者则是遇上无法分类的新信息时，开出一个新图式的能力。

"例如，一岁多的幼儿看到狗时，大人教他这是'汪汪'，他便在脑子里建立起'有脸、四只脚着地、有尾巴的动物'的汪汪图式，所以下次他看到不同的狗，一样会说是'汪汪'；但若他见到了一只猫呢？认知系统就开始运作，猫和狗一样'有脸、四只脚着地、又有尾巴'，所以他极有可能认定猫和狗是同一类，叫'汪汪'。"

听到这里，我们两人都笑了。

"所以幼儿猫狗不分是很正常的，有时他们把同化作用过度扩大，那就连乳牛和狼都可以是'汪汪'了；同样的，如果同化作用过度窄化，他们会出现无法把'黑头发的人'和'黄头发的人'都归到'人'这个分类上的状况。"

而皮亚杰的理论中，也提到人类认知系统的发展有其阶段性，必须前一个阶段的认知发展成熟，才能进入下一个阶段。理解皮亚杰的前两个阶段发展理论，再来看自家的孩子，会很有帮助。

## 出生到两岁 —— 感知运动阶段

这阶段孩子靠着感官和动作认识这个世界，并且发挥图式的功能。其中一个重要的发展里程碑是"客体恒常性"（object permanence），意指宝宝认知到无法被感官察觉的物体，仍然存在。

在这个认知发展出来之前，宝宝没有记忆，也不会去寻找从他眼前消失的人、事、物，只会在这些物体重复出现时感到高兴和熟悉。"客体恒常性"的概念大约从宝宝六个月后发展，近两岁时才发展完全。换句话说，对六个月之前的宝宝来说，东西离开视野范围，就不存在了；六个月之后，宝宝才会渐渐意识到"东西不在我的视野范围中，我看不到，但还是存在"的概念。

所以此阶段宝宝超爱躲猫猫，也爱把物品从高处往下丢，然后去寻找物体移动的轨迹，这些行为都是为了训练"客体恒常性"这个概念。

以色列托婴中心从四个月大就开始招收幼儿，所以我们常会观察到宝宝认知发展后的行为改变。例如宝宝慢慢理解"客体恒常性"，所以妈妈说再见后从眼前消失，并非"不见了"，而是"离开了"。一旦理解"不见"不是常态，在告别时，宝宝便会开始哭泣或表现出不开心。

很多父母看到宝宝的变化觉得不解，以前不是每天都高高兴兴地被抱走吗？怎么现在变得爱哭又爱闹？是不是托婴中心出了什么状况？这时，反而是我们要恭喜父母们，因为宝宝学会了"父母从他眼前消失了依然存在"的道理。

## 两岁到七岁 —— 前运算阶段

等到幼儿略微掌握语言符号，并认知了"客体恒常性"的概念，便进入"前运算阶段"。此阶段他已经懂得表达自己、具有思维能力，但逻辑性不高，加上抽象能力及生活经验不足，常会有"运算错误"的状况发生。

**1. 自我中心：** 基本上，此时孩子只能从本位出发，无法换位思考。换句话说，他们相信世界上发生的事情，都跟他有关。例如，今天下雨是因为他昨天拿到了新雨鞋。他会送自己喜欢的生日礼物给朋友，而不是朋友喜欢的。这不是自私，而是对他而言，他喜欢的东西，全世界都会喜欢。

某次幼师研习时，我们提到父母的离婚问题，教授特别把皮亚杰的"自我中心"搬出来，半开玩笑地说："如果要离婚，请选在孩子两岁之前、七岁之后。因为对两到七岁间的孩子来说，不管怎么解释，孩子都很容易认定就是他的错。"当然无论如何，父母离婚对于孩子都是难以承受的事，对这个阶段的孩子创伤却是最大。

**2. 拟人化思维**：这个年龄的孩子认定"万物有灵"，物品会自行移动、桌椅会窃窃私语，只是不在人们面前呈现而已。因此，拖鞋一直穿不住是因为"鞋子顽皮"；月亮只肯留在天上是因为"它没有脚，一直滚会很痛"；跑步跌倒自然是"道路故意绊倒我"。

**3. 缺乏守恒概念**：如果你在两个相同的杯子中注入一样多的水，然后再把两杯水分别倒入高窄水杯和宽扁水杯中，问孩子："哪一杯水多？"几乎百分之百的孩子都会回答："高的那杯比较多！"

这不是孩子笨，而是他们对于过程在某种程度上"视而不见"，而且知觉集中于结果，只看到较明显的向度（长度比宽度明显，所以幼儿在认知上会略过宽度），加上没有守恒概念，就无法倒回去思考，认识到水其实是一样多的。

即使点出疑问，为什么同样的水倒入另一个容器就变多了呢？孩子们会告诉你："这是魔术！"

我和园长谈到这里，突然灵光一闪："所以对这个年龄的孩子而言，你把面包撕成两半，就不再是同一个面包了？"原来曾有个三岁孩子要吃一个面包，我觉得太大了，所以撕一半给他，他却突然生气，要我把原来的面包还给他。

"Bingo！（正确）"园长笑着说。

只有等大人了解了孩子的认知能力发展，才会意识到这些令人大感不可思议的行径从何而来，原来他们的脑袋里是这样想事情的！此时，才有能力教导和带领孩子前进。

# 不用当完美妈妈

**安全依恋对于婴儿个性和未来发展非常重要。一个有安全依恋的孩子，不只身心状况稳定，亦较有余力去探索世界，自然显得聪明。若想让孩子赢在起跑线，养出有安全依恋的孩子，是最"事半功倍"的做法。**

婴儿来到人世间仍然是个"半成品"，生活完全无法自理，甚至不能控制自己的身体。他们与世界唯一的沟通方式是哭泣，通过哭声来传达需要和感觉。在此前提下，大人的反应在一开始便决定了婴儿与世界是否产生联结，大人对他来说是否可以信任。

儿科医生、精神分析学家唐纳德·温尼科特（Donald Winnicott）研究了婴儿与母亲（最初照顾者）的关系，解释母亲与幼儿之间的互动，是如何滋养或阻碍宝宝的身心发展。

他认为婴儿刚出生时，面对的世界是一团混沌（chaos），很需要成人（通常是母亲）协助婴儿建立其世界秩序。**一个可以听懂婴儿哭声，适时响应并满足需求的母亲，是宝宝建立安全感与自信心的第一步。**

然而，就算母亲再怎么努力，也不可能随时随地满足婴儿的需要（例如说，宝宝睡醒哭泣时，妈妈正在洗澡），所以如果妈妈偶尔无法实时回复宝宝的需求时，会不会伤害到宝宝的安全感呢？

## 妈妈犯错，才能让孩子适应真实世界

对此温尼科特提出了"足够好的母亲"（good enough mother）理论。他认为母亲偶尔的失误（miss）和犯错，并不会让宝宝失去对世界的信心；相反的，这些不得已的延误，会让宝宝慢慢学习等待与忍受挫折，对适应真实世界有很大的帮助（毕竟这个世界并非有求必应）。只要母亲最后能给予补偿，会更增加宝宝对于大人与世界的信心，宝宝将明白自己的需求最终能被看到。

而宝宝在逐渐长大之后，开始随心爬行，离开照顾者的身畔，探索世界。然而外头有太多不熟悉、超过宝宝生命经验的事物，他需要一种安全感的联结，才能够安心地离开大人向外探索。

研究"安全依恋"的学者约翰·鲍比（John Bowlby）提出依恋行为系统（The Attachment Behavioral System），以行为学派（Behaviori-sm）为基础，假设这些依附行为（如哭泣和寻找）是对主要依恋对象（也就是支持、保护和照顾者）的分离，所产生的适应性反应。鲍比认为在进化史中，依恋行为是深植于基因的生存策略，让婴儿有更高概率存活到生育年龄。因为人类婴儿无法喂养、保护自己，因此仰赖"年龄更大、更聪明"（older and smarter）的成年人来保护。"安全依恋"提供者因此扮演了非常重要的角色。

1. **安全堡垒**（safe base）：提供且允许孩子可以在一个有安全感的环境中自在探索和冒险。

2. **避风港**（safe haven）：当孩子遇到困难和受到挫折时，知道能随时回到父母身边，寻求情感和实际上的协助。此时，一位情感健全、够敏感、懂得适时响应宝宝需求、提供正向情绪支持的母亲，与一位情感缺乏、不成熟、不敏感、不懂得响应宝宝需求、常带有负面情绪的母亲，就会养出不同依恋关系的宝宝。前者为安全型依恋，后者为不安全型依恋。

## 安全依恋型宝宝

我们该如何知道，宝宝是否为安全型依恋呢？

学者玛丽·爱因斯沃斯（Mary Ainsworth）在1970年做了"陌生情境试验"（strange situation test），找了九到十八个月的宝宝，在一个完全陌生的环境中，测试他们与母亲（或主要照顾者）之间的依恋状况。

她发现安全依恋型的宝宝将母亲视为安全堡垒，只要母亲在身旁且神色淡定，他就会安心迈开大步去探索新环境中的玩具和物品，和母亲有很多互动；而母亲也是宝宝的避风港，宝宝向外探索时只要感受到任何不确定或觉得受到威胁时，他们就会奔回妈妈怀里，而妈妈也能适时给予安慰和协助。

这类宝宝看到母亲离开会沮丧甚至哭泣，不大容易被陌生人安抚，看到母亲回来会很高兴，并想要亲近母亲。

## 不安全依恋型宝宝

这类宝宝表现出来的情绪很多元，当母亲对孩子的需要不关心、不敏感，有时甚至是忽视、不回应，或是对孩子的需要有过度情绪反应时，让孩子觉得受到伤害，便会形成不安全依恋的状态，其中又可分为三种类型。

1. 焦虑—矛盾型关系（Anxious-ambivalent attachment）：当母亲在身边，宝宝不会很接近母亲，但也不愿意去探索和玩耍；母亲离开后明显焦虑，一分离就大哭，而且即使母亲回来仍哭泣不止、气愤难当，母亲很难安抚宝宝的情绪（教学现场看到很多这类母亲，根本不知如何安抚孩子），宝宝对于陌生人接受度也不高。

2. 回避型关系（Avoidant-attachment）：这种关系中，孩子对母亲处于某种疏远、冷漠的情绪。母亲在与不在、陌生人在与不在，孩子都不大表现出情绪，甚至是自己玩自己的。母亲离开时，孩子看起来不焦虑，母亲回来也不特别高兴。

这类孩子因为情绪过少，很容易被误判成"情绪稳定"或"对陌生人很友善"。殊不知他们已经放弃求救，因为失望了太多次，知道得自行面对所有的困扰和害怕。

在临床试验上，这类孩子在"陌生情境试验"后，测试他们尿液中的皮质醇量，会发现其压力荷尔蒙大增。可知孩子虽然看似淡定，但跟所有幼儿一样，其实正在经受陌生环境中主要照顾者突然离去产生的压力和害怕。

3. 混乱型依恋（Disorganized attachment）：这类孩子的反应相当复杂，于不同情境中会引起不同情绪，有时焦虑矛盾，有时回避。在试验中，曾看到过某个混乱型依恋的孩子，母亲在身旁时面无表情，自己一个人玩，无论陌生人来去，表情不曾改变。但母亲一语不发地离开后，他单独处在陌生空间里，先是大哭，之后把头埋在双膝中完全沉默。

## 为什么安全依恋很重要？

已经有越来越多的心理学报告提出，幼儿如何受惠于安全依恋关系，特别是在身体健康、学习和情绪平衡上。

1. **有助于幼儿脑部发育**。我们都知道大脑细胞和神经联结在出生头三年迅速增长。经验塑造了大脑的增长方式，而成长其实是一件充满挫折的事。试想当幼儿肚子饿时，口不能语、身体不受控制，情绪上已经够焦虑了，如果再加上没有安全依恋，无人有能力响应他的基本生理需求和情绪需求，甚至让大脑觉得幼儿的生存受到威胁，孩子将活在多么巨大的恐慌与压力之下。

当新生儿的压力和需求没被父母满足而舒缓，被称为"毒性压力"（toxic stress），这些负面经验在大脑中创造了联结，让孩子对危险保持高度警惕，因而难以专心学习。

安全依恋对大脑发育的影响则完全相反。首先，当孩子感到安全和被照护，大脑不用把力气拿来求生存，便能利用其能量开发更高层次的思维。目前已知安全依恋关系特别有助于额叶皮质的发展，这是大脑负责决策、判断、推理的重要部位（De

Bellis & Thomas, 2003; Dozier, et al., 2008 )。

再者，安全依恋关系为孩子提供了"安全堡垒"，因而得以经历更多的人生经验、探索不同的事物，这些都会让脑部产生更多的联结，让孩子变得更聪明。

**2. 发展正向人际关系和稳定情绪。**鲍比提出幼儿依附于主要照顾者的关系，是未来所有关系的基础。当一个人在幼儿时期有安全依恋关系时，他将学习如何信任他人、如何应对情绪，以及他人将如何回应他的情绪（John Bowlby, 1982）。

此外，安全依恋关系会导致移情的发展。**如果一个孩子认为自己值得被爱、值得被关心，就能够以这种方式看待别人；也只有当孩子相信自己的基本需求会得到满足时，才有余力去满足别人的需求。**

因此，"安全依恋"的孩子在未来比较有能力发展出快乐、互信、尊重，提供支持和协助的亲情、伴侣、上下属、同侪关系。

**3. 建立调节压力的机制。**当幼儿每次承受压力而释放出"压力荷尔蒙"时，如果可以得到照顾和满足，此时大脑就会释出抗压力荷尔蒙——催产素，让幼儿的情绪获得纾解和放松。当这个过程一再重复，幼儿的大脑会建立起"困难终究可以克服"的联结。幼儿长大后，身体能够产生调节压力的机制，面对艰难更有克服的勇气，并生出抗压性。

　　我相信所有妈妈都愿意给予孩子安全依附感，养出聪明、乐于学习、具有同理心、拥有竞争力的孩子。然后，回到开头所说，不用因此压力爆棚，做个"够好的妈妈"就好了！接下来，将跳脱理论，给大家更多案例与故事，来听懂我们的孩子。

# Chapter 2

# 没有坏孩子，
# 只有需要帮助的孩子

跳出好坏之分，试着摘下大人的眼镜。

看懂孩子的能力，轻推一下，

会发现只要小小的力量，孩子便能高高地飞翔。

LOADING ● ● ● ● ●

安全感　　能力感　　自主性　　独立性　　冒险心　　沟通力

# 宝宝，你为什么哭个不停？

谈到宝宝出生后所面对的世界时，唐纳德·温尼科特发现通过母亲的理解与安排，将使宝宝的混沌世界，形成初步的秩序和规律。然而，理解新生宝宝岂有那么容易？不是每对父母都能一开始便听懂宝宝的哭声。

跟着我走入托婴中心，来听听宝宝的哭声，并透视孩子的本性，最重要的是：了解宝宝的哭泣都是有原因的，真的搞不清楚，那就抱起来安抚再说吧！

## 听懂哭闹背后的需求

这一年，我工作的托婴中心有九个宝宝，平均年龄是四个半月大。其中有个女宝宝（叫她"小甜"好了），是家中的第一个宝宝，很会哭也很会尖叫，总要有人抱着才肯安静下来，有时连大人抱着还继续哭。妈妈抱来"陪读"时，最后都因为处理不了号哭，不得不把她抱走。入园前，她很担心宝宝的个性会让老师排斥，怕我们不喜欢她，毕竟，自己亲带的那五个月，身为亲妈都受不了她的鬼哭神嚎。

小甜是个活泼好动的宝宝，有双十分机灵的眼睛，笑起来极甜，但哭起来惊天动地，而且很难安抚。幸好她愿意吃安抚奶嘴，一塞上就天下太平。

正式入园之后，她果然时常大哭，常常哭得新进同事神经紧绷，不知所措，三不五时就问我："小甜是不是饿了？是不是累了？"仿佛除了饿和累，便没有其他可能性。我告诉同事，孩子抱着安抚到不哭了，要设法放下，一直被抱，孩子要怎么玩耍？她苦着脸说："可是只要一放下来，小甜就开始哭啊！"

**事实上，孩子吃饱喝足，尿布干净，就是要玩耍，没有不爱玩的孩子，只有不知道如何放下的大人。**

正确做法是大人坐在地上，把宝宝放在两脚之间（如果宝宝会坐就调成坐姿，背对着大人；不会坐即放成趴姿，一样面朝外），给宝宝玩具。一开始宝宝会挤在大人身上，等到有安全感了，玩开了，便会自己爬出去。等到宝宝开始玩之后，奶嘴即可拿掉，告诉她玩的时候不可以用奶嘴。

很多人总以为宝宝哭就是想吃想睡，其实宝宝想玩而没办法玩时，也会很不高兴。下次孩子吃饱睡足，被抱着却莫名其妙哭时，请试着把孩子放下来玩耍。

入园一个月，某天妈妈来接小甜时，看到她自己趴在地上玩耍，不哭不闹，不需要奶嘴，简直不敢相信自己的眼睛。我告诉妈妈，小甜聪明，知道自己要什么，这种宝宝对幼教老师而言，是非常好带的宝宝。

是的，小甜其实很清楚自己要什么，所以我们要找出让她哭的症结点，除了不舒服、肚子饿、犯困、便便等生理因素，还会有什么哭泣的原因呢？

## 焦虑：神奇的感统处方笺

我和园长仔细地观察在什么情况下小甜会哭闹，并试着归纳分类。几个星期后，我们发现每次只要"换活动"，她就会哭。

托婴中心每天有固定的活动表，散步、吃饭、睡觉，从某个学习角落换到另一个角落。每次我们换活动、换场所，她便哭闹不休。麻烦的是她只要一进入"哭泣模式"，就很难安抚下来，等到她适应了，开始玩了，我们却又要换地方玩，哭声便周而复始地重复响起。

尤其吃完饭清洗、换衣服、换尿布时，更是棘手，小甜会从被大人抱起来的那一刻开始哭，一路哭到换完衣服。那哭声之惊心动魄，实在很担心外人会以为我们正在虐婴。

听懂了她的哭声之后，我们终于知道要如何响应她，有效减少了哭泣时间。得到安全感的她，才有余力可以开始真正地玩耍、探索世界。

然而，换地方、换衣服就哭，我们猜测是感觉统合的问题，只能求助于感官物理治疗师了。在以色列，比较有规模的"早教"和"幼教机构"，都会请物理治疗师或职能治疗师定时到园班观察。一般而言，三岁以下的孩子着重于粗大动作发展（gross motor），所以物理治疗师介入比较多；三岁以上则由职能治疗师协助孩子进行粗大动作和精细动作的协调配合。

一个月后物理治疗师来检查，表示小甜确实有感觉统合的问题，她对声音的接收太敏感，我们听到有些吵的声音，对她而言可能是极度的噪音；但同时，触觉接收能力低，所以碰触的力道不足，她都感觉不到。两者合一，让她对于换环境、新面孔的接受程度都很低，需要花比一般宝宝更多的时间来适应。

感官物理治疗师开出来的"处方笺"之一是按摩，在她特别不平静的日子，要花五到十分钟的时间按摩；之二是把她放在包巾做成的摇篮里，宝宝在里面时会整个被包起来，像是在妈妈的子宫里一样。

另外，要让她尽量处于多触觉的环境，像沙坑或多种材质搭建的游戏空间；然而，她很不喜欢水，因此帮她清洗时，动作越快越好。感官职能师也告诉父母别太要求孩子得全身干干净净地回家，托婴中心做基本清洗，晚上再好好一次大洗即可。

最后一个"处方笺"是告知。每次要抱她做任何事之前，都要先让她知道，例如吃完饭要抱她起来之前，要平和地说："小甜，我们吃饱了，现在我要抱你去洗手、洗脸了喔！之后，要帮你换尿布跟衣服。我知道你不喜欢平躺，我会换快一点喔。"听到这个"处方笺"，我的直觉是"有用吗？"八个月的宝宝，有感觉统合的问题，告知有什么用？能听懂吗？

不过专家说了，试试也无妨。园长派我当先锋，吃完饭后，小甜因为无聊，已经在位子上哇哇叫。我走过去，盯着她的眼睛说："小甜，你吃饱了，想起来了对不对？现在 Winnie 把你抱起来，带你去洗手、洗脸好不好？"她听完后，竟然就不叫了，双手举起来要我抱。抱起她后，我也放弃通常在早、午餐后对宝宝的大清洗，只用肥皂洗干净她的双手跟双脚，用清水冲一下她的嘴巴，就帮她换尿布、衣服。

把她放在平台换尿布时，她又皱了一下眉头，我很快跟她说："我知道你不喜欢换衣服，我会换得很快喔，换了干净衣服你才会舒服啊！"在快速换衣服的过程中，我不断跟她做眼神接触，并且一直说话，让她忘了我在做什么。

虽然我事先一点也不相信，但实施的结果却跟奇迹一样，那天早、午两餐饭后，她安静得不可思议，大家的耳根清净了不少。

（可见八个多月大的宝宝能懂的事情，比我想象的还多，常跟宝宝说话是有用的。）

目前小甜十个多月，有新老师来代班时会哭，周遭有宝宝哭个不停时会让她焦躁尖叫，进入"哭泣模式"后不用奶嘴还是很难安抚下来。然而，我们在换活动之前都会事先告知，让她适应托婴中心的时间表，了解一天中要做的事情后，绝大多数的时间她都很快乐、很平静，就像个普通宝宝。这时才认识她的人，大概很难想象她刚进来时，从早到晚哭不停。

## 生气：当体能跟不上脑力发展

然而，几乎同时入园的另一个男宝宝"小翰"，却是个爱哭又让我完全摸不着头绪的宝宝。做了多年的幼教老师，我还是望天长叹："怎么有这么爱哭又不知道自己要做什么的宝宝啊？"

"小翰"跟"小甜"同月出生，身形较长，有张长长的脸，总是张开嘴，吐着舌头，性格很好，见人就笑。入园时才五个半月的他，已经可以趴着用两只手挺起上半身，相信父母在家也做了不少功课。

他的状况跟"小甜"不大一样，"小甜"是一放到地上就哭，小翰可以撑个五六分钟，他会抬起身子东张西望。但几分钟后，他便开始哭不停：换地方哭、趴着也哭、躺着也哭，抱在怀里安静了一会儿又开始哭。加上他妈妈坚持不用安抚奶嘴，所以不只难以安抚，连哄睡都有困难。更惨的是，小翰的吸吮需求很强，除非妈妈来奶睡，不然哄睡都得拖上二三十分钟。

从他一入园，我们就对他的行为充满困惑，只好常常把妈妈请来园里，处理他的哭泣问题，而妈妈来了也只能喂奶安抚他。妈妈不太确定地说："也许是因为胀气、长牙、昨晚没睡好……"意思是，生了三个孩子的妈妈同样搞不清楚这是怎么一回事。

我问园长："教授曾说过有一类宝宝大脑接收信息过于混乱，所以连他们自己都搞不清楚自己要什么，小翰是不是属于这一类？"

园长耸耸肩说："也许是、也许不是，他还小，很难这么快下定论，我们需要多花时间观察。"

当然，我们还是使用按摩和包巾摇篮，帮助他度过那些特别不安稳的日子。但他总是醒转过来几分钟就开始啼哭，让我百思不解：小翰，你吃饱睡好、没生病、脾气稳定、尿布干净，怎么可能不爱玩耍呢？

过了几天，园长请假，来支持我们的是一位幼儿园老资历的老师，她曾在托婴中心待过很多年，对于宝宝而言，她有张十分和善的脸跟无穷的亲和力。

一般而言，我们不大让来支持的老师陪宝宝，因为很多宝宝怕生，而且他们通常也搞不清楚宝宝需要什么。但那天是个例外，我观察这位老师跟宝宝在一起时，气氛很安静和谐，所以便放心地把宝宝交给她，让工作团队可以忙些别的事情。

小翰早睡结束后，我跟这位年纪大的老师交代了一下小翰的状况就去忙了。五分钟过去、十分钟过去、十五分钟过去……竟然完全没有听到小翰的哭声！

我好奇地走到院中，看这位老师跟宝宝们在做什么。只见她坐在地上，把小翰趴着放在膝盖上，他的胸部顶着老师的大腿，所以上半身可以抬起来，空出双手拿玩具，高高兴兴地玩耍着。

我一见这个情景，只觉得脑中轰的一声，多日百思不解的问题突然得到答案。

"你看他很高、很重，这种宝宝通常撑不起自己上半身太久。而且他够大了，开始想要伸手玩耍，可他不是用手肘撑起自己，而是手掌，这样便腾不出手来玩，也容易疲惫和感到挫折。以后他哭就放个垫子在胸前，撑起上半身即可，不要一直抱，毕竟，哪个宝宝不爱玩啊！"这位老资历的老师跟我解释道。

"哪个宝宝不爱玩啊！"听到这番我常拿来"教训"新手老

师的话，真觉得脸颊热辣辣的。

其实当年我家老大也有相同的问题。因为是第一胎，我很怕她哭，产假在家三个月都没有练习趴着。而她又是体重较大、身高较高的宝宝，这类宝宝在早期的体能发展上，会比一般宝宝吃力，通常比较久一点才开始翻身。我的害怕没给女儿带来任何好处，她三个半月大进托婴中心时，头完全抬不起来。感官职能师看过之后，要我们开始认真让她练习趴伏，不然之后的体能发展会落后一点。

但是，这些宝宝依然有思考能力、有自己想做的事情，当体能发展的速度赶不上宝宝脑子想要做的事情时，宝宝就会生气哭闹。

盲点解开之后，一切就变得容易许多。我们开始对小翰进行更多的上半身训练，在他累的时候使用垫子帮助他；偶尔让他躺下来，但也给他玩具玩耍。因为玩耍的时间变多，到午休时他就真的累了，就算没有奶嘴，哄睡也变得相当容易。

就因为这位老资历老师的一次代班，所有老师突然顿悟，果然"姜是老的辣""人外有人，天外有天"。突然之间，小翰变成一个吃好、睡好、爱笑、可以自己玩耍而且情绪稳定的宝宝，不再天天哭泣、常常哭泣。

我长叹，了解宝宝的需要、响应宝宝的需要，真是一门天大的学问啊！

"教养没有标准答案，只要听懂孩子的话，
就能找到专属你们的相处之道。"

1. 规律作息对宝宝是很重要的，你如何观察家中宝宝的作
   息习惯？

   ................................................................

   ................................................................

2. 搞不清楚孩子为何而哭时，你会怎么做？

   ................................................................

   ................................................................

3. 就你的观察，家中宝宝哪部分的感觉统合可能有问题？
   （流口水？受不了噪音？喜爱碰撞别人？）

   ................................................................

   ................................................................

# 是尊重，还是放纵？

在教养上，父母到底要介入多少？管多少？什么时候说"不"？什么时候可以"小小放水"？多年来，不断有人问我这些问题。然而，我总是让大家失望，因为并没有"标准答案"。正确解答是：孩子需要"有界限的自由"，但界限在哪里？要从孩子的身心发展和认知能力来判断。

一到两岁的孩子，对我而言是最奇妙的年龄。一岁之前，还是个只说婴儿语、在地上爬的宝宝（baby）。到了人类生命的第二个年头，宝宝突然站了起来，开始走路、说话、探索世界，宝宝不再是宝宝，而是幼儿了（toddler），这是人生大跳跃的一个阶段。

来到这个阶段，父母也需要进行极大的心理调整。一岁前的宝宝对于成人（特别是妈妈）极度依赖，母亲了解宝宝的所有心理与生理需求，宝宝也期待母亲不通过语言就了解自己，两者之间的"一体感"非常强烈。

然而，一岁到两岁时，父母得开始学习放手。幼儿随着生理自主能力增强（自己坐、自己站、自己走、自己爬……），发展出心理自主和个体意识，到了两岁，更进入人生第一个叛逆期，与母亲脱离，成为独立的个体。

因此，我们常会半开玩笑地说，面对这个阶段的父母与幼儿，幼教老师的工作是帮两方"找到自我""放对方自由"。

## 直升机父母 VS. 放任派父母

在教学现场，常常看到两类极端父母：

第一类是直升机父母，幼儿会走、会自己吃饭后，仍然把孩子当成婴儿对待——继续二十四小时抱着，不放他下来走路，继续喂食幼儿，幼儿还没有表达出意愿，就帮他把事情做完。

第二类则是放任派父母，觉得幼儿够大了，不再需要父母，可以直接推出去，完全不跟幼儿说"不可以"，让幼儿自行决定所有事。

前者是"不放手"，就算旁人一直告诉他们：孩子已经长大了，可以让他们自己做一些事，父母还是下意识地把幼儿当宝宝。他们给孩子的信息很混乱且不一致，所以幼儿会常搞不清楚自己的能力发展到哪里。

举个例子来说明：幼儿学走路之后，其实仍有一段时间会常常跌倒，只要状况不严重，他们一般不会直接大哭，而是先看看大人的反应，再决定要不要哭。有个进园时已经一岁半的孩子，不仅会走，甚至明明会跑了，但每次轻轻跌倒，只要眼神一对上大人，就会放声大哭。这类孩子实际上有能力可以探索世界，但只要碰到些许不顺，便马上停止。

而来自大人过多的协助，导致孩子不敢尝试开发自己的能力，严重时，甚至会变成自信心不足。

第二类父母则是"太过放手"，对幼儿充满信心，自诩是自由开放的父母，但常**把幼儿看得太成熟，交付过多责任和决定权，一样会造成幼儿困惑不安。**

例如带幼儿出门散步时，让孩子决定去哪里、何时回家。玩到不想回家吃饭时，怕孩子饿便塞零食给他们吃，所以幼儿长期处于没有规律的情境，不知道什么时候要吃饭、什么时候该睡觉。父母看似不干涉，但还是需要工作和睡眠，因而幼儿逼到大人们的极限时（例如幼儿早上不肯起床），父母常会大爆发，让幼儿更加困惑。

这类孩子早上往往精神不济，在幼儿园面对常规教育（不可以打其他孩子、不能玩电箱）时，会感到非常困惑并且抗拒，得花更多精力让他们了解有些事情是红线。更麻烦的是，这类孩子并不如父母想象中的独立自信，他们常因无法符合父母的期待而产生焦虑。

不管是控制太多还是太少，这两类父母都不容易养出安全依附的孩子，更别说是自由且自信的孩子。

幸好大多数父母处于两者之间，看到幼儿的发展需求会渐渐放手，也知道就算是幼儿一样要教导他们遵守常规。然而，无论是哪一派父母，当幼儿起身走路、试图探索世界时，都会浮出一个疑问：到底规范孩子行为的那一条线，要怎么画？画在哪里？

## 观察 1. 是累了？还是使坏？

父母需要了解孩子的生理状况（累了、饿了、生病了……）和生理发展状况（身高体重、肌肉力量、感觉统合，包括触觉、前庭系统、本体觉、粗细动作发展，有没有发展性协调障碍……）。因为生理状况一定会影响到孩子的行为发展和态度。

简单来说，当孩子生理状况不好时，容易脾气差而难以控制行为。所以当幼儿过累或过饿时，进行对话或行为控制都属无效，甚或招来反效果。有趣的是，虽然这很容易了解，父母却经常忘记。很多父母习惯用"他昨晚睡得如何"来评估"他今天会不会累"，这确实是正相关，但不见得完全正确。而且就算孩子已经会说话，也不见得能明确表达自己的状况。这部分需要大人更细致的观察和评定。

更深一层的观察是"意识到孩子感觉统合或身体成长的状态"，这些先天因素对孩子的行为，亦影响颇巨。有"天生爱动来动去的孩子"，没有"天生爱欺负人的孩子"。前者是孩子独立特有的行为，后者则是大人社会化后所做的误差诠释。

例如，某个一岁幼儿突然坐到另一个孩子肩上，大人很容易直接认定这孩子故意使坏。但若这种行为是常态，其实代表孩子需要很多身体接触，通常是触觉接受不良所造成。突然被坐到的孩子一定会哭喊好痛吗？也不一定喔！两个触感接受不良的幼儿在一起，可能不仅没人喊疼，还笑成一团。

此外，孩子若前庭觉反应不足，常会动来动去、停不下来，喜欢做危险的事，例如从高处跳下来，享受摔落的刺激感，撞到地上若不太痛还会笑出来。这种时候，一味禁止也是没有用的，因为生理需求没有被满足（孩子在追求前庭觉的刺激），负面行为自难凭禁止便能停下。要是大人给予强大压力，要求孩子停止，还有可能造成心理压力，演变为未来的心理问题。与其责骂和施压，更应该做的是不如去寻求专业建议，解决孩子的感觉统合问题。

## 观察 2. 高估孩子的理解能力？

大部分父母在孩子会走会讲话之后，倾向于高估孩子的抽象理解能力。之前园里有个孩子的妈妈某天急着找我谈一谈，她两岁多的儿子最近不知在哪儿学会"怪物"这个词（这个词在希伯来文中非常负面），她和孩子对话如下：

"谁教你这个词？"妈妈问。

"凯伦。"孩子回答，凯伦是他最喜欢的幼儿园老师。

"凯伦说谁是怪物？"妈妈问。

"伊特马。"孩子回答。伊特马是这个孩子的名字。

"凯伦说伊特马是怪物？"妈妈又吃惊又生气。

"伊特马，怪物！"孩子回答。

"那你有没有很害怕？"妈妈痛心地问。

"伊特马，怕怕！"孩子答。

妈妈投诉时气急败坏，而且上述对话有问有答，看起来很合逻辑，但我知道这是一段认知差异过大的对话。两岁出头的孩子几乎无法理解"怪物"这个字所代表的社会化意义，就像他们不理解钞票或时间的概念。上述对话要有意义，要先了解孩子是不是懂得每个词的意思以及联结性。例如："谁""教""这个词"以及"伊特马被说是怪物很害怕"。

这个年龄的孩子还在学单词和句子，而且社会化经验不足，这类对话是他们的"造句练习"，把他们会的词用出来，不见得和过去经验相关联（也就是未必代表事实）。对我而言，孩子不见得是从凯伦老师身上学会这个词，甚至不是从幼儿园学到，极可能是孩子想说某个发音和"怪物"类似的词时，被妈妈听成"怪物"，因而产生了整段对话。

前文曾提过，那个拿爸爸皮夹大钞的两岁小女孩，被当成是"偷钱"，当时我不确定两岁女孩懂不懂"钱"的意义，现在经过了完整幼教训练，明白这错估了孩子的认知能力。

然而，错估孩子认知能力的状况一直存在，不只是幼儿，甚至到青少年时期仍是如此，造成亲子间难解的冲突。只不过，要学会评估孩子的认知能力并不容易，就算读完大师理论，也未必能和生活实例联结起来。

尽管以色列幼教相对自由，给予孩子探索的空间，我们仍非常严守几个行为界限，就算孩子不懂而困惑，还是会严格禁止。

第一是会造成危险的行为。例如过马路时奔跑、玩有热水的饮水器、玩美工刀……这些常规都必须好好建立。孩子有能力理解大人说的"不行"，虽然他们不能真的理解为什么。

第二是对其他人（包括大人和孩子）的肢体暴力。以色列孩子很小就被教导任何肢体暴力的行为都不受欢迎：大人不可以对孩子有肢体暴力，孩子之间的肢体暴力一样被禁止。大人保护丹丹不被阿强打，同样也不会让别人去打阿强。我们不反对孩子发展自卫行为，但任何暴力行为都会被禁止，不管谁对谁错。

## 观察 3. 孩子听得懂你的话吗？

我常和幼儿园老师说，如果你们和孩子沟通许多次，却无法改变孩子的行为，那最好回头想一下自己讲的话，使用的句子和词孩子是否能听懂？要是孩子听得懂，那他有没有能力靠自己就改变行为？

例如，在以色列面对孩子吃饭这件事，我们会说"大人决定什么时候吃、吃什么；孩子决定吃不吃、吃多少"，这些精确又易懂的教养原则，提供大人如何面对孩子的指导参考，主导大人面对该主题的行为准则。

总而言之，当我们要放置规范孩子行为的那一把尺时，必须先看到孩子的"能力"到底在哪里。不要害怕自己评估错误：误判一定会有，期待和认识错误也一定会发生。这些都无妨，只要时时提醒自己，回想和孩子的对话，随时进行修正，就能渐渐找到在自由与纵容之间，那一条必须存在的"界限"。

Think About It
试试看！你会怎么做？

"教养没有标准答案，只要听懂孩子的话，
就能找到专属你们的相处之道。"

1. 你的教养行为界限是什么？哪些事一定不允许孩子做？为
   什么？

   ....................................................................

   ....................................................................

2. 如果你家的小孩子在公共场合咬人或推人，你会如何
   处理？

   ....................................................................

   ....................................................................

3. 如果你的孩子是被咬、被推的那一个，你又会如何处理？

   ....................................................................

   ....................................................................

# 处罚，行不行？

"我可以理解你不乱处罚孩子，但孩子行为恶劣时，你要怎么处理？别跟我说你只做'爱的教育'，幼儿园需要秩序和纪律，不然对那些行为好的孩子，不是很不公平？"开始带工作团队后，我每年都要回答关于"处罚"的问题。在以色列的教育概念中，身体上的处罚是被禁止的，而行动限制和奖励取得，则是七岁之后可以好好跟孩子讨论时，偶尔才会实施。以色列幼教视孩子的负面行为是"求救行为"，想要提供安全依恋的父母，当孩子伸手求救时，请当好"避风港"，协助孩子脱离挫折情绪。

## 比处罚更好的方法

学期一开始的工作会议，我面对新组成的工作团队，第一句话说的就是："不可以处罚（punish）一到两岁的孩子，我希望今年在园里不会看到任何老师处罚小孩子的行为。"

就算在不体罚的以色列，此话一出，工作团队中的老师们还是面面相觑，不确定我在说什么，于是我补了一句："我没有说不能用'time-out'（计时隔离），但对小孩子使用 time-out 一定要很小心，要记住那不是处罚。我甚至希望孩子不用学会'处罚'这个字眼！"

以色列鼓励产后妇女回到职场，广设公、私立托婴中心，收四个月大以上的宝宝。而无论是"托婴中心"还是"托儿所"，总是集体生活的场所，跟妈妈或保姆带单一幼儿的状况差很多。如果面对幼儿的情绪反应或脱轨行为，会让很多父母头疼，这对于要教导一群孩子的幼教老师，更是严峻的专业挑战。

一岁多到两岁多的幼儿，会有哪些脱轨的情绪与行为？我在教学现场曾看到，孩子从一早到园就一直摔东西或打别的孩子，不肯吃饭玩个不停，突然情绪恶化哭到停不下来，出门散步不肯跟大家走在一起，换尿布或衣服时不肯合作，不断踢老师……

当孩子"脱轨演出"时，我们第一步要做的是设法分析孩子的行为来源。例如，到园静不下来，可能是有些生理上或心理上的需求，通常一个比较用力而且维持比较久的大拥抱（而非罚站或责骂），就可以立即改善孩子的行为。

如果幼教老师们试了所有想得到的方式，孩子的情绪与行为仍然未见改善，并且严重干扰教学活动的进行时，才会考虑实施time-out。

## 重点不是处罚，而是冷静

Time-out，顾名思义是指"当孩子做出不被接受的行为时，让孩子脱离失控的环境，让孩子可以冷静下来"。

表面看起来像是处罚手段，但实际目的是为了帮助孩子学习正确的情绪控制，让孩子脱离让他无法控制行为的环境或思绪，帮助孩子冷静下来。因此 time-out 的出发点必须是给予孩子帮助，时间通常很短，实施这个办法时要非常小心谨慎，就算自己的情绪已经被搞得有些崩溃，也要一直把目的记在心中。最坏的状况是大人使用暴力，而让孩子害怕屈服。

time-out 通常会有个固定的场所。

在我工作的幼儿园，有个"抱枕角落"，放满了大抱枕与垫子，环境安全舒适。这个角落没有门，视野良好，可以看到其他人的活动。当孩子发脾气、大哭、无法静下来时，会被老师抱来休息，这是我们实行 time-out 的角落。

当孩子在活动中不合作或情绪失控，我们会询问孩子要不要到"抱枕角落"冷静休息一下。有时孩子会自己要求，有时是被老师要求，通常一到两分钟后，我们就会询问孩子是否要再回到活动之中。孩子也可以自己站起来，走回团体（这其实是我们最希望发生的事）。

我听到有些妈妈在家里实施 time-out 是罚站或罚跪，或把小孩子关在浴室或车库（两者都很危险，不适合年幼宝宝独处），甚至把孩子关在房间，还担心宝宝不够害怕，所以把灯关掉，并且把门锁住之类的。这除了剥夺孩子的安全感及对大人的信赖感，让孩子觉得"拳头大的就可以逼我做不想做的事情"之外，实在看不到有什么教育意义。

如果是在户外玩耍，没办法把孩子带到 time-out 的场合，那我们就会要求孩子离开活动或游戏现场，到老师身旁坐坐。目的一样是要让孩子冷静下来，协助他恢复自我控制，并有能力回到团体活动当中。

常会有老师质疑我，孩子已经行为不佳了，我们还给他们更多的注意力，这样好吗？不用教孩子控制自我情绪吗？

我的回答是：把孩子的行为与情绪当作是"求救信号"，孩子求救，大人哪有不回应的道理？

另外，孩子当然要教，但要看可以教什么、教了懂什么。我可以教这个年龄的孩子穿脱鞋，把东西拿去柜子放好、自己吃饭，在情绪控制上，让小孩子在发作时离开现场，帮助他冷静下来，让他渐渐了解凡事有规范，逾矩行为不是总会被接受，这才是最重要的事情。

至于情绪控制这件事，哪有这么容易？**大脑中负责理性思考，压制冲动思绪的前额叶皮质区（prefrontal cortex），差不多要到二十五岁才会成熟。**

如果我们不能要求青少年完全控制自己的情绪，对自己的行为负责，那更没有道理"奢求"学龄前的孩子做到这点。

"教养没有标准答案，只要听懂孩子的话，
就能找到专属你们的相处之道。"

1. 孩子上次情绪失控时，你是怎么处理的？

.................................................................................

.................................................................................

2. 你曾实施过 time-out 吗？具体做法为何？

.................................................................................

.................................................................................

3. time-out 后，孩子冷静下来了吗？若无，你觉得原因
   是什么？

.................................................................................

.................................................................................

# 孩子负面情绪多，怎么办？

你家孩子生气时，你会怎么处理？让他自己发脾气发个够？骂回去？好言相劝要他不要生气？

依照皮亚杰的认知发展理论，二到七岁的孩子处于一个充满幻想而跳跃的世界。在他们的世界里，万物有灵，结果比过程重要，而且事情没有可恢复性。在这样的世界里，他们忧虑和快乐的事情常常出乎我们意料，也有很多不知从哪里来的负面情绪。

这篇文章要谈的是：除了好好理解孩子的认知发展状况，了解孩子的情绪从哪里来，面对孩子的负面情绪时，请先接受孩子的想法，不管对或错，应该或不应该。只有孩子觉得需求和情绪被大人看到，才能照顾到孩子的情绪，作为一个"避风港"，这是大人必学的教养技巧之一。

## 情绪该被控制吗?

几年前,故乡的一个朋友来以色列找我,我们一起出门逛街。在卖场中,一个约莫三四岁的小男孩朝我们奔来,却不知为何突然跌倒了,接着就是一阵大哭。因为他跌倒的地方离我们很近,我那位爱孩子的朋友快步走向哭泣的孩子,把他扶了起来,用英文说:"不要哭、不要哭。"

孩子听到后哭得更厉害,我走过去用希伯来文说:"跌倒很痛喔!那就好好哭吧,没有关系的。"

我和小男孩讲话时,他爸爸也赶到了,一把抱起孩子问他哪里痛,先检查有没有受伤,接着跟他说:"跌倒很痛喔,我亲一下。"爸爸自始至终都没有要求孩子别再哭泣,但孩子渐渐停下噍啼,一边哽咽,一边和爸爸讲起话来。直至离开之前,男孩始终啜泣未止。

父子离开后,我和朋友找了家咖啡厅坐下来休息聊天,她好奇之前我们与小男生的对话内容。听了我的回答,她惊讶地问:"为什么不阻止他大哭啊?"

"为什么要叫孩子不要哭?"我不解。

"我们要解决问题,哄孩子、教孩子控制情绪啊!"

"这么小的孩子有什么好控制情绪的?明明跌倒就很痛,为什么不能哭?"

"嗯……丢脸吧……"朋友想了一下回答我,"男生哭更丢脸。"

"以色列幼教才不在意男生、女生,每个孩子表达情绪的方式都不一样,只要愿意表达情绪,都该被鼓励和接受。"我跟朋友说,"再说,在这个年纪,其实男生比女生更敏感、更爱哭呢。"

"那如果孩子生气或大哭,大人要怎么做?"我朋友问道,"我读书时看到过一种说法,我们不该抱正在哭闹讨抱的孩子,要等孩子停止哭泣了再说。"

"那要看孩子哭泣和讨抱的原因,不是所有情况都适用同一种方式处理。"我听到眉头就皱了起来,"像这个爸爸也是一把抱起来,我不觉得这种处理有问题啊。"

"那情绪控制呢?"我朋友继续问,"哭到停不下来,怎么办?"

## 四个步骤,让情绪自然流通

**1. 同理孩子的负面情绪。**孩子情绪暴走往往是求救信息。所以当孩子大哭大闹时,先了解孩子情绪的来源,并站在孩子的角度看事情。比如,孩子在卖场没有得到想要的东西,自然感到挫折。父母不用同意孩子的要求,但要看到并同理孩子的情绪。

"我知道你很想买，妈妈说不行，让你感到很受挫折，所以你情绪不好。"可以这样和孩子说，"那你就好好哭一场吧。"

这种说法是直指孩子心中的感觉，让孩子知道父母"看到了他们"。

我家老二玛雅四岁多时，某天放学回家就一直捉弄姐姐和妹妹，搞得人人哇哇叫。我问玛雅："你怎么了？今天为什么一直生气？我可爱的玛雅去哪里了？"

没想到玛雅听到后更生气地说："哼，大家都说我可爱、都说我讨人喜欢。今天我就要做一个不可爱的玛雅！讨人厌的玛雅！"

我猜想幼儿园可能发生了什么事，但当场并不打算阻止她："好啊，那你今天就做个不可爱、讨人厌的玛雅。"

同理孩子的负面情绪，是疏通心结和不满的第一步。不要急着处理事情，孩子情绪没有被同理，反而一直被要求不准生气，不可能产生有效沟通。

**2. 找出让孩子冷静下来的方式。**接着，若觉得孩子可以听进话，但没办法自己冷静下来，那我们可以试着协助，找出让他冷静下来的方式："怎么做可以让你好一点呢？去公园走一走？还是一起撕纸张？"或请孩子和我们一起深呼吸来稳定情绪，有时，一个又大又久的拥抱也会有效。当孩子每次情绪失控，便是学习面对孩子情绪的教育机会，可多方尝试不同方式，协助孩子一起找出冷静法门。

同样的，在孩子尚未冷静之前，先不要讲道理。试想我们自己情绪高涨时，还剩多少思考能力？自然更不用奢求孩子此时能和你沟通了。

**3. 找一个让孩子安全发泄情绪的地方。**在卖场，常看见孩子因无法拥有想要的东西而情绪崩溃，大人可以同理他们，但仍须守住教养界限，已经说了"不可以"，就不能因孩子的情绪而退让。此时，我们可以说的是："我知道你很想要，那颗球真的很漂亮，虽然我们家已经有了三十颗球，但这颗就是不一样。不过，我们已经说好了，不再买球了喔。"

若孩子仍处于无法沟通的状态，就把他移到安全的地方，静静在一旁守护他，直到他的情绪平稳下来。

我曾在以色列停车场看到一位爸爸抱着情绪激动的幼儿，打开车门、打开冷气，把孩子丢在后座，让他在里头"暴走"。虽然爸爸看起来已濒临崩溃边缘，但当找不到让孩子安全发泄情绪的地方，放车上也是个不错的方式。

**4. 寻找补救之道或转移注意力。**等到孩子情绪平稳之后，再和孩子沟通补救之道或转移注意力。若孩子是因为买不到东西而伤心，此时就算他心中了解了为何不能买，伤心还是不会减少，很多时候理智懂了，情绪也无法接受。这时，不如给孩子提供更优质的选择，如一起去公园荡秋千，回家一起下五子棋……用孩子喜欢的游戏来转移注意力。

如果是四五岁的孩子因玩具被毁坏、饼干掉地上而伤心，父母别说："再给你一模一样的。"因为这阶段的孩子仍处于"前运算阶段"，就算是完全一样的饼干，也和他咬过一口的不一样。不如带他去商店，告诉他："买新的、不一样的给你。"即使此时他选了一模一样的东西，大人也要明白，这对他而言是不一样的。

其实大人到老都在学习如何与情绪和平共处，家中的小孩子才刚开始认识情绪，父母的同理和引导，能让他们慢慢看懂情绪的模样，了解自己面对什么样的事情，会引起什么样的情绪。唯有在情绪被接纳和同理之后，"控制情绪"的力量才会慢慢长出来！

*Think About It*
试试看！你会怎么做？

"教养没有标准答案，只要听懂孩子的话，
就能找到专属你们的相处之道。"

1. 当你出现负面情绪时，会希望身边的人能为你做些什么？怎么做能让你冷静下来？

................................................................

................................................................

2. 这些让你冷静下来的方式，你觉得是否适用于孩子？

................................................................

................................................................

# 给孩子"暴走"
# 与"排毒"的空间

　　"负面情绪"有很多种，可能是大吼、大叫、大哭，也可能是无声的抗拒和压抑。无论是哪一种，都需要大人认真面对和协助。怎么都别忘了："负面情绪"是求救信号！

　　有一次我接到小雅导师的电话，希望我和雅爸可以找出个空当到学校，她同咨询老师要和我们"谈一谈"。并且要求，一定要夫妻两人共同出席。

　　听到这样的邀约，我和雅爸心里有底，小雅一定又在学校做了什么事。所以两个人赶紧拿出手机行事历来对日期，找出最近的空当，一起到学校会谈。

## 孩子在课本上骂老师！怎么办？

到了会谈那天，我们四个人坐在一张小圆桌旁，桌子上放着一本课本。导师先是感谢我们的到来，然后提到科任老师在下课时发现小雅忘了带走课本，她顺手拿起来翻了一下，发现里头写了很多咒骂科任老师的话。

"她在这里写了对老师个性的批评，"导师翻开某一页指给我们看，然后再翻开另一页，"这里则写了对于老师外貌的不满，还有这里……这里……"

"显然她是分次写的，而不是一次性的情绪。"咨询老师接着说，"你们怎么看这件事？"

我和雅爸面面相觑。

"科任老师看到后的情绪如何？"如果要问我有什么想法，第一个想到的当然是那位可怜的科任老师，这些话不知让她多么伤心。

"雅妈，你不用担心科任老师会生气。"导师听到我的问题就笑了，"她教学很多年了，非常了解这个年龄的孩子。她很清楚小雅的怒气不是针对她，而是来自本身的困扰；相反的，科任老师看了之后，很担心小雅，觉得她心中有很多说不出口的怒气，所以才把课本交给我们处理。"

"我想小雅还是要知道，她写了这些话在课本里，就算无意让别人看到，仍有可能伤到人——就像现在。无论如何，得让她去向科任老师道歉！"雅爸边看课本边摇头。

　　"我很高兴你在意成人的情绪，但不要忘了小雅的本意未必想伤人。"咨询老师说，"她有权利找个抒发负面情绪的地方，只是写在课本里不是太好，容易被别人看到。"

　　"我请你们来，其实不是为了这些愤怒的句子，我在意的是她写了一首诗。"老师指着那首诗说。

　　那首诗在谈身体、成长与失望，用了很高雅的希伯来文，谈青少年对于成长的失落感。"容我直接地询问一下，你们觉得小雅在身体接触方面，是否有些困扰？"咨询老师问道。

　　"这倒不会，我们十分清楚小雅二十四小时的行踪，也认识小雅每个朋友的父母。她要去朋友家，我都会确认对方妈妈是否在家，也会先跟对方妈妈联络。"我告诉咨询老师。因为以色列是个性方面比较开放的国家，我反而把孩子看得紧，甚至不让小雅到朋友家里，如果那里只有朋友爸爸在的话。

　　咨询老师听了我的回答，稍稍安心了一点："好的。这点对我们非常重要，若小雅的愤怒与苦恼不是来自这里，就好处理多了！谢谢你们的到来，我们明天会找小雅谈谈，听她怎么说。因为科任老师看到了，不管小雅本意如何，老师看到这么多的负面句子总是会有些伤心，小雅若能向老师道歉自然很好，但还是看她怎么决定，我们不会强迫她！"

## 孩子的负面情绪，不用禁止吗？

回家的路上，雅爸问我："虽然小雅应该要有个发泄情绪的秘密空间，但我们真的不用担心这些负面情绪吗？真的不该禁止吗？"

"负面情绪要有出口，这个我们可是从 toddler（一到三岁的幼儿）就在做。"我耸耸肩跟雅爸说。

"什么意思？你们在幼儿园做了什么？"雅爸吃惊地说。

"我带的是一到两岁的孩子，"我跟雅爸解释，"这个年龄的孩子已经可以清楚地看到个性差异——有些孩子安静，有些孩子好动，他们的气质不同，对于挫折的反应也不同。因为成长的路上有很多挫折，孩子会咬人，控制不了自己的怒气，一直很想打其他孩子，还有感觉统合失调的孩子，生理上需要很多接触，就会一直想办法坐在老师或同学身上……"

"这么小问题就这么多！那要怎么办？"雅爸问。

"除了告诉孩子暴力行为是不被接受的，另外有啃咬需求的孩子，会给他牙刷或是能咬的玩具，再大一点甚至教他咬衣袖。状况太严重，便请父母带他去看感官职能治疗师，"我进一步说明，"我们也容许孩子在室外尖叫和跑步，在孩子不大平静的日子，会带着大家一起跑步或尖叫！"

"有些孩子很需要身体接触，整个人静不下来。在教育现场，我们看到这种孩子不断惹是生非，大人劝阻时，他明明听懂了、响应了，看似理智恢复，但一回到群体中，又开始打人和咬人……"雅爸听到皱起了眉头。

"这种孩子不是坏或故意喔！"我看到雅爸的表情笑了起来，"这摆明是孩子无法控制自己的行为，需要协助。这时候，我们不会让他继续和别的孩子待在一起，先保护其他孩子不被攻击。看似惹是生非的孩子则被请来和老师一起坐，帮他按摩、紧紧地抱他，甚至是拿冰块让他咬（感官职能治疗师教我们的小技巧），让他冷静一下。"

## 情绪发泄，让大人看懂孩子痛点所在

"那孩子再大一点呢？你们一样给孩子发泄情绪的'出口'？"这下雅爸的兴趣被引起来了。"有的，"我继续解释，"再大一点的孩子，可以去'旧物回收区'的院子，有个角落是允许孩子把所有玩具拿起来丢地上，只要旁边没别人、不会伤人，孩子都可以尽情发泄情绪。但不能把大型固定物（像柜子）给拆了，因为那样太危险。有些孩子一早到幼儿园时情绪不稳定，这个角落对于转换情绪很有帮助。"

"而以色列幼儿园的义务教育（三岁到六岁），都会有这类角落或活动，像沙坑、秋千，甚至是沙袋，针对不同孩子的气质和状况，老师会安排不同的情绪发泄活动。记得我们家老二念大班时，有个小男生总是坐不住，桌上活动玩不到几分钟就想掀翻桌子。

有次大家在画画，我听到他跟老师说自己静不下来，可不可以去外头打沙袋，老师便让他去了。直到我离开幼儿园的最后一刻，还看到他在院子里奋力打沙袋，不由得觉得这孩子真是赞，这么小就知道怎么帮助自己。"讲到这里，我和雅爸都笑了。

"另一个被鼓励的做法（幼教老师常会有些疑虑）是，以色列幼教其实同意让小孩子通过虚构游戏发泄情绪，我们容许孩子拿着扫把假装那是一把枪，对着其他孩子发射子弹说'砰！砰！砰！'；或在群体游戏中，孩子假装拿刀砍人，另一个孩子假装自己被砍到。"

雅爸听到这里说："你们不担心孩子假戏真做吗？"

"这其实是很多幼教老师担心的事。"我还记得在幼教课上到"游戏"这个主题时，教授与其他同学的讨论："其实就算是四五岁的孩子，也很清楚游戏与现实的差异。游戏是可以幻想的，可以天马行空毫无界限；但现实有局限，有很多不能做的事情。我们要容许他们发展想象力，容许他们做现实不能做的事，容许他们在想象中宣泄负面情绪，但也要让他们知道，当他们'真的'做了不该做的事情，游戏就不再是游戏。而且在这个过程中，老师与大人反而能够更理解孩子的心理与情绪状态，想办法帮助孩子。"

那天我和雅爸的对话就到此结束。我也希望通过这次对话，他可以**了解孩子的负面情绪不能只是安慰或禁止，而是该给予更大、更包容，并且正向处理的方式**：不管在哪个年龄，都要先找到让孩子可以"排毒"与"暴走"的空间，并且检视这样的空间对于孩子有多少帮助，随时调整大人的做法。从小教会孩子理解、面对自己的负能量，才有可能养出正向积极的孩子！

"教养没有标准答案，只要听懂孩子的话，
就能找到专属你们的相处之道。"

1. 你平时都如何面对自己的负面情绪？对你最有效的方式
   是什么？

   ...............................................................................

   ...............................................................................

2. 你的孩子发起脾气是什么样子？会为了什么事而发脾
   气？发脾气的频率有多高？

   ...............................................................................

   ...............................................................................

3. 碰到孩子"暴走"时，如果没有像文章中的"排毒环境"
   （沙袋、沙坑……）时，还可以做什么来协助孩子？

   ...............................................................................

   ...............................................................................

# 离不开妈妈的孩子

要想养出有安全依恋、可以发挥潜能的孩子，父母得看到孩子的能力，并且愿意放手，相信孩子做得到。而在面对一个内向且是安全依恋型的孩子时，如果父母要托婴，就要由能和孩子建立安全依恋关系的大人接手，不然孩子的分离焦虑很容易没完没了。

## 看见陌生人就狂哭

第一次看到荣荣，我就知道这一个新学年，将有很多工作要做。

荣荣是班上年龄最大的孩子，我接手这个园班时，他一岁四个月。

我所处的幼儿园系统，每一年都会换园班，每年夏天，托婴中心的老师们会陆续带着宝宝"拜访"我和其他工作团队的老师，认识新环境和新老师。每次半个钟头、每周一到两次，连续两周以上的"拜访"，是我观察新宝宝的最好机会。和父母会谈之前，可以从宝宝如何在新环境中互动，大概看出幼儿的个性和发展状况。

荣荣个子高、好动，有着灵活的双眼和顽皮的笑容。他们抵达园班的院子时，我正带着孩子在另一头玩耍。我走回院子里，看着托婴中心的宝宝们正好奇地在院子里探索着新环境。这里的院子比我故乡一般的高中教室还要大一倍，然而，就算在这么大的空间里，荣荣对于陌生人进入也异常敏感。抬头看到我的刹那，哭泣声也跟着响起。

部分宝宝因为他的哭声而看了我一眼，再回头确认熟识的老师们还在身旁，便继续玩耍；部分宝宝则往熟识老师身旁移动，老师微笑着向宝宝介绍我："这是Winnie，过不久她就是你们的老师了，她很可爱喔！"另一边又跟那些带着警觉眼神的宝宝说："我在这里喔，一切都很好，你需要我时我在这里，你可以回去玩沙子啰，我在这里看着你。"

而荣荣哭着狂奔到最信任的老师身旁，被老师搂在怀里，哭泣声才渐渐缓和，但只要每次视线和我对上，又是一阵轻泣。接下来的几次拜访，荣荣渐渐接受了我的存在，也可以在我和其他老师都在的环境里，离我远远地继续玩耍。其他宝宝已经开始跟我玩、让我拥抱，甚至单独相处时，荣荣仍只要没看到熟识老师在旁边（例如老师去上个厕所），他就开始狂哭，一直哭到老师回来。

他的个性就是这样，就是离不开妈妈。

我和荣荣父母、托婴中心园长开了个别会议。荣荣父母说，他是家里的老三，哥哥和姐姐在这个年龄时也非常黏妈妈，对陌生人接受的程度很低。"他姐姐一直到学期末都只黏着一个老师，那个老师要是休假不在园班，她的日子就很难过，我家孩子的气质就是如此。"妈妈心疼而无奈地说。

"他们家的孩子都是如此，"园长亦如是说，"等到会认人之后，就只肯跟我在一起。这类宝宝因为很害怕陌生人，所以需要花时间和别的大人建立关系，他们会选定一个老师建立联结（替代母亲的存在），我记得两个大的到了三岁还是如此。"

换言之，我听到的信息是："反正他个性就是如此，就是不独立，离不开妈妈。"

荣荣父母找我的上司提了特别请求，希望九月开学之后，托婴中心能有个荣荣认识的老师陪着他到新园班一两个月，让荣荣有时间适应新环境和新老师。重点是别让荣荣哭一整天。

这种要求是天经地义，非常符合一般人的想法，但却是我们这些幼教老手不推荐的方法。

在我们的经验中，除非这位老师要继续陪孩子一整年，否则不管老师是陪读一天还是三个月，最后还是要处理孩子对老师的依恋关系。而且陪读老师要负责其他工作，无法一直陪伴。这不只会影响孩子和新老师们建立关系，还会让孩子产生更多的分离焦虑。

但原来的老师不跟着来，荣荣可能好多天都要以泪洗面，难道不会造成更大的心理创伤？荣荣父母知道我们很专业、有耐心和爱心，但要怎么处理这个新生入园的问题呢？

荣荣父母和我上司谈不拢，一起找到了我，要我提出解决办法。

## 相信孩子，他已经建立"安全依恋"

"我没有带过荣荣的哥哥姐姐，对荣荣没有任何预设。"听完大家的讨论后，我在会议中起了头说道："我需要有一点和荣荣相处的时间，至少一到两天，才能整理出我对他的想法。"

我唯一可以给他父母和上司的承诺是——我不会让荣荣一直

哭！只要发现无法安抚他，就会求救，请托婴中心的老师来帮忙。所以，我需要上司同意这个选项。

在荣荣父母有些安心但仍有疑虑地离去之后，我和上司讨论接下来的处理方式。我建议新学年开始的前三天，托婴中心老师可以来一个钟头，协助我从父母手上接过孩子，别在父母离开时过多哭泣，让家长安心离开。接着我告知工作团队，第一周任务是获得新生的信任，特别是荣荣。新学期开始的几天，我可能需要多一点时间陪他，这件事得有工作团队的支持。

第一天终于到来，托婴中心老师从荣妈手里接过"不是很高兴但没有大哭"的荣荣，然而老师离开后，哭泣马上转成高分贝。我抱着哭泣的他去逛教室和休息区，向他介绍新环境和新老师，问他想不想喝水、玩玩具。不到一分钟，他停下了哭泣，好奇且泪眼蒙眬地看着新环境，等我们离开教室回到院子里玩了一阵子，他又突然想起自己在新环境，因为找不到熟识的老师面孔而哭了起来。我继续把他抱在怀里，讲话、唱歌给他听，带他在新环境里到处逛逛，直到他安静下来。

这一天大概就在"哭泣、安抚、冷静下来、玩耍、再次哭泣"的循环中度过。不过荣荣仍然愿意吃饭，愿意进行课堂的所有活动，中午也没有花很多时间便入睡。

下午四点荣妈来接孩子时，我跟她说明了一整天的状况，荣荣正在适应新环境和新老师，我没有办法告诉她荣荣整天都很高兴，但他没有整天哭，只是偶尔哭，每次哭的时间也不长。我们细腻而敏感地响应需求，找到安抚他回教室的方式。现在需要的只是时间，等待他开始信任新的老师们。

荣妈说："我只期待他能信赖你一个就好了。"

"那不够！"我笑着但很认真地说，"你野心要更大一点，相信荣荣，他是个有'安全依恋'的孩子，这类孩子有能力发展出对其他大人的信赖和安全感。"

开学的第三天下午，我告诉荣妈，荣荣今天在幼儿园很顽皮（希伯来文的"顽皮"用在孩子身上是非常正向的字眼，代表孩子活泼、机灵、有些小捣蛋），荣妈马上笑了："你这样说我就放心了，看来孩子已经接受你了。"

开学的第五天早上，我在院子的这一端看到荣荣进园，他远远看到我，本来是慢慢走着，突然跑了起来奔向我。我张开双手把向我狂奔而来的荣荣抱了起来，跟他说早安，亲了亲他的脸颊，跟一脸吃惊到说不出话来的荣爸说："看来第一阶段的努力结束了。这个过程不轻松，但比我想象的短得多，我太以他为荣了，他真的是个大孩子了！"

## 哭，是因为大人的期待

当然，这样还不够！

开学后一个月，荣荣面对我和另一个老师时可以安静快乐地玩耍。但只要我们两个不在，他又开始大哭，搞得其他老师不知所措。

"我都好好跟他讲话，或是抱他坐在我身上，邀请他一起玩耍，但他就是冷静不下来，我试过所有方式了，真的不知道还能怎么办。"其中一位很温柔的 B 老师向我求救。一开始 B 老师只要听到荣荣的哭声，就会不知所措。我跟她说，她已经是两个孩子的妈，家中孩子哭时，她怎么哄孩子，便依样画葫芦地哄荣荣。然而她试了之后依旧无效，甚至荣荣不让她抱。

所以分组活动时，我特别抽空去看了她和荣荣的互动状况。荣荣看到我非常高兴，便和其他孩子玩了起来。然而 B 老师一进来，两个人眼睛一对上，荣荣马上哭了起来。B 老师很无奈地说："我知道你不喜欢我，你觉得我安抚不了你，但我们还得相处一年，你最好早点适应！"

下课后，我找 B 老师谈："你是不是'相信'他看到你就会哭？孩子其实很清楚大人给的信息，如果他接收到'你期待他哭'的信息，自然会哭给你看。荣荣并没有不喜欢你，但他感受到你的焦虑和不知所措，也只能哭了。"

B 老师仿佛了解但又有些困惑："原来是这样，那我应该怎么做？"

"下次看到他时，直接忽略他的哭泣，快乐且情绪稳定地表达你在做什么，邀请他一起做。如果他不肯，你就继续和其他孩子玩，然后时不时跟他解释你们在做什么，有多有趣、多好玩，继续邀请他。"我说，"最重要的是，所有对话只使用正面词汇，不用去诠释他的心情。"

"就这样？这样有用？"她吃惊地说。

"没错，当他知道你不会被他的负面情绪牵着走，而且愿意引导他做些开心的事情，你才能给他安全感。试想，他已经够沮丧了，你还传递'我也不知要怎么办，是你内向不开朗'的信息，那他可以依靠谁？"我说。

B 老师闻言点了点头。"你别担心，我陪着你，我会一直跟你讨论和协助。"我笑着说，给了她一个大拥抱。

就这样，我带着 B 老师以及许多临时代班的老师，一起面对荣荣这种对新老师和任何变动都适应力极低的孩子。

到了学期末，我们一起出门散步，经过妈妈任职的园班时，荣荣甚至可以远远地跑去跟妈妈打招呼，再奔回我身旁说："荣荣的妈妈在'象象园'工作。"我总会摸着他的头说:"对啊,荣荣好棒,荣荣的妈妈在这里工作,妈妈正在忙喔。跟妈妈说拜拜,我们要继续散步了。"

荣荣牵着我的手,笑着跟妈妈说再见。那一刻,我看到教室内的荣妈也微笑着,眼角闪着泪光,快快乐乐地跟荣荣挥手。

Think About It
试试看! 你会怎么做?

"教养没有标准答案，只要听懂孩子的话，
就能找到专属你们的相处之道。"

1. 你家孩子面对陌生人的反应是什么？根据前文提到的
   "安全依恋"类型（P41），你判断是哪一种呢？

2. 你原本如何处理孩子的分离焦虑？现在，是否有不同的
   想法呢？

# 乖孩子隐藏的大问题

如果我们希望孩子能够"好好做自己",了解孩子天生的"能"与"不能"便很重要。而"感觉统合"这个课题,常被大人忽视和误解,在协助孩子发展自我和潜能时,成为绊脚石。

一个闷热的晚上,我们幼儿园老师晚上七点半回到办公室进行研讨。请来了一名职能治疗师,研讨"感觉统合"的课题。

职能治疗师小米是个美丽温柔的中年女子,素面朝天,有着些许凌乱的短卷发,整个人套在比她身体宽大许多的罩袍中,而我之前看到过的职能师多半身着正式套装、外形干练,这位明显不太一样。她开始自我介绍,提到上了大学后,上"感觉统合"的第一堂课,才了解自己的多年痛苦来自哪里。

"我有很爱我的父母,"小米说,"但对于我总是不大愿意让大人碰触，只爱穿宽大衣服这件事，父母直接解释成缺乏自信、讨厌自己的身体、想把身体藏起来……由于自幼持续接收这类信息，虽然觉得自己长得还不错，也不讨厌自己身体，却开始动摇和疑惑了起来，这些年来我一直自问哪里出了错……真可惜没人告诉我父母，其实我是个正常的孩子。"

## 触觉敏感造成父母误解

小米从小是个正常聪明的孩子，天性开朗合群、EQ（情商）高、喜欢朋友，只不过有触觉统合障碍，触觉敏感度高于一般人甚多，因此不喜欢碰触，不喜欢小空间又人多的地方，对于痛觉比别人强烈，而且没办法穿合身的衣服。在以色列这种人与人身体接触十分频繁、见面和道别都要拥抱的社会里，小米的举止显得特别突兀，成长过程备受压力。而父母并不理解，直接归因于她的情绪和自我认知出了问题。

一直到了二十几岁，她才告诉大家，其实她与每个人一样热情友善，只是有触觉统合的问题。因为这样的背景，她决定成为职能治疗师，与幼儿园、学校合作，让父母们早些了解状况，知道那是天生带来的"差异"，而非"不正常"。孩子只需要一些理解和一些调整，便无须再为此而受到误解。

"不知道在场有多少位老师能切身理解我的感受，"她说，

"我想举个例让大家了解一下，有次我在办公室外头，会议突然被取消，所以高兴地跑去逛街，买了衣服和鞋子，好好吃了顿饭。隔天进办公室，同事要跟我讨论事情时，我突然看到她的嘴巴打开关上，发出声音，却什么也听不懂。

"我知道一定有事影响了我的专注力，所以跟自己说：'小米，冷静下来！'封锁对外界的信息接收，开始感受身体有什么异状。一阵搜寻后，突然感觉到新鞋有一小块鞋皮卡在右脚小趾上方，趾头只要一摩擦就会不舒服。

"了解原因后，阻止了还在滔滔不绝的同事，先回位子换鞋。一脱下鞋，突然，我又变回了那个专注且精确的小米。"

小米表示自己已经快五十岁了，又专精职能治疗，才能意识到自己如何被外界干扰。那些从来没有被教过、不知如何认识自己状态的孩子，会如何自我诠释？父母会如何看待这个孩子？孩子如何解释自己突然听不懂对话的状况？父母是否会顺理成章当成孩子故意不听话？如此一来，这个孩子可能将在一连串的自我否定与不被理解中长大。

其实，大人面对自己身旁的"小米"，应该是协助她"找到新鞋上的那块鞋皮"，让"小米"在不受干预的状况下，认识自己的本质和能力。这也是唯一能让"小米"好好把时间花在学习、探索世界，快乐自在长大的方式。

## 乖巧是一种退缩

小米接着提到多年前曾发生的案例，提醒所有幼师该如何注意和观察孩子。

"几年前有个老师打电话给我，说她班上有个四岁半的小男孩特别顽皮。上课时不大坐得住，爱插话，需要的运动量很大，喜欢捉弄其他孩子。"于是小米被请到园里，观察孩子是否有过动或注意力缺乏的问题。同时老师提到小男孩有个双胞胎弟弟，也在同一个班上。

不过弟弟的个性迥异，乖巧、懂事，不大与人接触，下课大家都到游戏场疯，他却乖乖坐在书架旁看书。老师邀请他出去玩，他会告诉老师想要自己一个人待着。

老师猜想可能平时在家哥哥太活泼，幼儿园孩子又多，所以弟弟需要一点自己的空间；聊到一般团体活动的状况，他也偏好待在室内，不喜欢被其他孩子挤来挤去。然而，四五岁的孩子玩游戏，哪有可能不挤来挤去？

小米到园观察后，要求把两个孩子一起送去做评估。她笑着问："你们猜结果如何？"

我在一旁观察同事们的神情，谈到顽皮的小男孩时，大家还只是笑笑，但等小米讲到这位四岁半的乖巧弟弟，所有人的眉头都皱了起来。

是啊，哪有四五岁的孩子不爱玩？老师口中的"平稳、安静和乖巧"，在我的理解可能是"退缩和抗拒"。

评估结果是超级顽皮的男孩被列为"继续观察"，幼儿园和父母多给他些"放电"时间即可。意思是这个孩子没有什么问题，只是大人觉得他爱找麻烦。

而弟弟却被评估出有触觉过于敏感的问题。他不喜欢草地，对人多的地方焦虑，害怕被撞到，对痛觉特别敏感，也不喜欢攀爬……总而言之，他的安静与乖巧来自于对世界的恐惧，所以唯一让他觉得舒服的时候，就是大家都在户外，他可以安静地在角落里待着。

弟弟后来接受了两年的职能治疗，直到小学一年级，才能够和大家去操场做些活动。

小米提到，这类的"错误评估"其实一直存在，所幸在以色列部分幼儿园有物理或职能治疗师和幼儿心理师到班观察的制度，可以协助幼教老师和家长。

研习完后，我走上前去谢谢小米的分享，依以色列习俗给她一个拥抱。千分之一秒中，我看到她略微停顿和迟疑，想起了她一开始的自我介绍；千分之一秒之后，我给了她一个很轻微、几乎没有接触到的拥抱，她露出了心知肚明的笑容，在我的脸颊上，留了一个极轻微、几乎没有接触到的吻！

"教养没有标准答案，只要听懂孩子的话，
就能找到专属你们的相处之道。"

1. 回想一下你接触过的孩子，特别是那些有负面行为的孩
   子，他们当时做了什么？现在回想，其行为是否可能来
   自感觉统合的问题？

   .................................................................

   .................................................................

2. 如果孩子过分安静乖巧，有什么方式理解其真正的想法
   和行为？

   .................................................................

   .................................................................

# Chapter 3

# 克服挫折，
# 让孩子相信自己能改变世界

飞翔的孩子，坠落了，怎么办？

要继续鼓励他尝试高飞？

还是戴上以安全为名的枷锁……

LOADING ● ● ● ● ●

安全感　　能力感　　自主性　　独立性　　冒险心　　沟通力

# 孩子跌倒，
# 是为了走更长远的路

**作为孩子的"安全堡垒"，设定一个让孩子安心探索世界、探索自我的环境，是必要的。唯有如此，孩子才能茁壮成长，相信自己，并生出更多安全感。**

我任职的以色列幼儿园，是以色列众多幼儿园系统中较特殊的一种：基布兹幼儿园系统（Kibbutz kindergarten system）。这些幼儿园大多不在市区，强调乡村教育，老师由教育机构派遣，但属于私立学校的性质。

这类幼儿园一样接受教育机构监督，依地方政府规定的课程大纲教书。然而在教学与课程设计上，有极大的自由空间。

我进入系统时与园长谈过课程内容，其中最别具一格的是每日"踢游"［希伯来文 ti-youl，意思接近英文的旅行（trip）]。这种行程可能带孩子绕小区一圈，或在小区内找一块草地坐下来；也可能带孩子参观小区内的各种工厂与公司商铺；甚至是全班一周一次，来回四公里的长距离郊游。

每个班级依据幼儿和宝宝的成长状况，调整每日"踢游"的内容——对，你没有看错，宝宝一样每天会被带出门走动!

## 让孩子在自然中成长

据托婴中心的课程规划，宝宝满六个月，如果没有其他特殊状况，就可以带出门。第一次看到宝宝被放在草地上爬行，随便拾起落叶便塞到嘴巴里，简直是吓坏我了!

"孩子要尽量成长于自然环境中，现今孩子所处的世界充斥太多塑料制品，触觉发展太单一，"上课时，教授谈到这一部分，"幼教老师要确认安全，不要让孩子被玻璃割到，不要把烟蒂塞到嘴巴里……但要让孩子多接近绿地与泥土，给孩子空间去探索自然环境，启发宝宝的好奇感，去感受阳光、树枝、落叶、草地、沙地、泥巴……当然宝宝通过嘴巴认识世界，看到每样东西都会塞入嘴巴。做老师的就是盯住，别让他们吞下去即可。"

把孩子带离舒适圈，多少要冒一点风险，宝宝如此，大孩子更是如此。从小班开始，幼教老师便设计脱离小区内部人工设施的"踢游"行程——爬爬附近的小山丘，或是带孩子去逛农田……课程中要求老师设计更多发展大肢体动作的活动（爬、跳、跑、平衡感……），让孩子能够有更好的体能。

所以这样的"踢游"课程，说穿了就是一种"练体魄"，让孩子"体能壮壮"的行程？我一开始也是这样想，直到最近一次上课，我才发现课程背后的真正意义！

替我们上课的老师是个退休导游，目前在幼儿园专带"踢游"课程。我们上完了孩子身心发展的理论课，强调上小学之前打好孩子体能基础的重要性后，就跟着他开始实地教学的行程。

他沿途介绍了不少动植物，建议我们在设计"踢游"路线时添加该注意的事项。接着来到一处草丛，他提到最好在小区内部找一处孩子可以钻进去玩耍的空间（当然大人要自己先确认过），之后孩子总是会从某个地方钻出来，所以可能会被树枝或草丛微微割伤，或衣服沾到一些有刺植物。

老师觉得这对孩子是好的经验：他们要自行评估风险（从这里钻出去危不危险？腿一抽可能会被割伤，我要不要冒这个险？）感受自己身体的大小与柔软度（这个洞的大小，我钻得出去吗？还是我要设法爬高跳出去？），促进团队合作（我的衣服沾到有刺植物，谁来帮我摘掉？）。

哇！原来训练体能不只是跳得高、跑得快，而是要用脑子评估环境与自己的状况，找到自己在自然界的位置！

## 不走楼梯，发挥创意下楼

正当我沉思时，我们走到了一块高地，沿着楼梯一路下去的尽头，是小区游泳池。楼梯两旁是高度落差极大的几层花圃。

"我带着孩子到这里，会跟孩子说我们要去游泳池。这里只有一条路可以到游泳池，就是走楼梯。楼梯两旁的花圃高度落差太大，中大班的孩子没有办法跳下去。但我会要求不可以用常规方式走，得另外想办法！"老师说，"你们要不要猜猜四五岁孩子会怎么下去呢？"

啥，不用常规方式？也就是孩子不能走楼梯？那要怎么下去？攀着楼梯扶手爬下去？坐在楼梯扶手上滑下去？试图从花圃处跳下去或滚下去？

那不是太危险了吗？

看着周遭幼教老师七嘴八舌讨论并且走动查看地形，猜想各种路径，我忍不住发问："这样不会太危险了吗？"难道只有我有这种顾虑？

"路是人走出来的，只走别人规划好的路多无聊？"老师听到我的话之后笑了，"你太小看孩子的体能、谨慎程度与创造力了。我自然评估过最坏打算，但我带孩子这么多年，发现孩子面对危险时是能用脑袋思考的，而且肢体动作会变得更小心。孩子也能学会什么时候应该求救，真的做不来，大人可以在旁边帮忙。这些年来，从没碰到过孩子最后需要走楼梯下去的，反而是看到更多的团队合作、创意与胆大心细！"

听到这里，我豁然开朗，终于了解我的女儿去公园玩耍时，为何不爬楼梯，而是攀着楼梯扶手外围往上爬，或是从滑梯的下方往上爬。

也终于了解有天就读小一与小三的女儿，放学回家发现自己忘了带钥匙时，为什么两个人不是坐在门口等我回家，而是选择了从厨房外墙上高度约三十厘米的小窗户钻进家里！

我们总是说**以色列之所以有强大的创新能力，来自于不拘泥陈规的突破思考、大胆尝试的勇气、解决问题的特殊能力。**因为他们知道，让孩子跌倒，是为了未来能走更长远的路！

*本文改写自《犹太妈妈这样教出快乐的孩子》中《请不要用常规方式下楼》一文，中国台湾小树文化出版。

"教养没有标准答案，只要听懂孩子的话，
就能找到专属你们的相处之道。"

1. 孩子在草丛、小溪和沙地中玩耍，对激发孩子的潜能有
   什么帮助？

   ......................................................................

   ......................................................................

2. 如果孩子在公园里玩，不愿意按照既定规矩走，该怎么
   处理？

   ......................................................................

   ......................................................................

# 当孩子跌倒时，父母该做的事

眼前两条小径蜿蜒，而我——

踏上了人迹罕至的那一条路

一切便从此不同了

Two roads diverged in a wood, and I -

I took the one less traveled by

And that has made all the difference.

——弗罗斯特（Robert Frost）《未选择的路》(*The Road Not Taken*)

安全依恋提供者重要的作用之一，是要扮演孩子的"安全堡垒"：让孩子去探索、去冒险，当父母的要放手，鼓励孩子走出去；更重要的是父母永远都在，当孩子需要时，一定会伸出援手，就算他是因为不听你的话而跌倒，父母都会在身后挺他。

## 从小鼓励冒险的以色列教育

2017 年 4 月 26 日，新闻中传来在尼泊尔登山的小情侣（他们和我是同乡）失踪四十七天后终于被搜救队找到，一死一伤。我远在以色列看到这则新闻，还找了英文版寄给年轻时热爱登山的雅爸。他看了新闻说："这两个人真是不容易！"

或许因旅行冒险而传出伤亡的消息在我的故乡并不常见，但在以色列，却是时有所闻。以色列这个国家的年轻人，当完兵后通常都会先壮游半年到一年，再回国找工作或升学，每年在海外的背包客人数极多。而且大部分人不会选择欧美或日本这种发达国家和地区，反而是南美、东南亚、尼泊尔、印度……这些国家布满了以色列年轻人。一来相对便宜，二来文化差异较大，让他们充满好奇。

也有些年轻人干脆买一张全球机票，自己决定路线。雅爸退伍几年后，曾经决定放下当时"鸡肋般"的工作，买了全球机票，除了拜访位于全球的亲戚，也认真地在尼泊尔和印度各逗留了一个多月。

"走在语言文化不同的街道上，你很快会重新认识自己，知道自己是谁。"雅爸回忆起那段旅行，这样告诉我。

而以色列之所以有如此高比例的自助背包客，可以归因于国家鼓励孩子冒险的教育，以及社会与家长对于孩子冒险的宽容与接受。

在孩子成长的过程中，要不要让孩子去从事危险度高的活动，像是爬山、骑马、潜水、滑雪、爬树、野外求生，对父母从来不是个简单的决定。然而在**以色列，不管是国家、社会还是家庭，几乎是一致认定：教会孩子冒险挑战困难的精神，是非常重要的。大家相信这对于培养孩子的独立性、自信心与开创性，有极大的帮助。**

"对这种教育的认知，其实是在以色列建国之后才有的，并非来自于犹太传统。"雅爸解释道，"以色列建国后，认识到欧洲犹太人的专业、白领、书生或商人形象，是种失败的面貌，是造成希特勒有机会实行犹太人大屠杀的原因之一。他们希望自己的孩子能够强壮、坚毅、顶天立地、不畏任何挑战。"

当然，以色列长年战争，每个孩子到了十八岁都得当兵，而且有可能真的上战场。在这种情况下，父母若想提高孩子在战场上生存下去的概率，就要培养出体魄强健，以及在各种艰困处境都能存活的孩子。

在学前教育阶段，我们就可以看到老师鼓励孩子在野外散步时，找到不同的路线，试着去钻一些看似没有路的地方。

"孩子在过程中受些擦伤是好事，他们将更快学会如何控制身体及团队合作。"我上幼教课时，教授这么说。

等到孩子上了小学，每年的校外教学中，在大自然中行走与求生，一直都是重头戏。孩子学会涉溪、爬山，再大一点学会扎营与生火，学习如何捡柴，如何睡在野外（绝不是五星级的露营地），如何分辨野生动物的足迹，以及碰到野生动物时该如何反应和自我保护。

我住的小区，在孩子十三岁（七年级）那一年，在进行了三个月的训练后，选了一天将所有同年级的孩子带到野外过夜。大人留下食物、水、睡袋和户外求生设备后就离开了。孩子必须在手机收不到信号的地方，自己生火，轮流守夜过一晚（其实大人在营地的另一边，用望远镜守护着孩子）。类似这样的青少年活动，在以色列到处都有。

## 学会面对危险与害怕

当然，从事高危险活动是有代价的。比起在家里吹冷气、玩游戏机的孩子，在野外露营时被毒蛇咬到，在山谷中翻滚下去等遭遇到危险的概率自然高出许多。

"开车在路上，就可能被车子撞到，但我们不会因此足不出户吧？"我家老二学骑马时，有次跌下来全身擦伤，我有点忧心忡忡，雅爸不以为然地如此说道。跟玛雅学脚踏车时跌倒一样，雅爸很快就让她回到脚踏车上。

"对恐惧的想象会侵蚀你控制世界的能力，在那之前，要用新的成功经验取代失败经验。"雅爸这样告诉我。教会孩子面对自己的害怕，并且陪着孩子克服恐惧，是犹太父母做得十分成功的教养功课。

但是，这也不代表开车的人可以无照驾驶，或是在马路上横冲直撞。

在以色列没有潜水执照不能下水，每隔几年就得更新执照。所有和体力、技能、身体状况相关的执照，都一定要定期更新，包括驾照。而学校与家庭则是从小带着孩子做各类体力与技能训练，男女皆同。

"登山不需要全套黄金级的配备，只需要一个知道如何在高山行走的身体和脑袋。"雅爸来我的故乡跟我去爬玉山时，看到很多人带着全套登山配备，这样告诉我。

雅爸在尼泊尔自助旅行时，曾经有一个多星期孤身一人穿着凉鞋、背着睡袋，在将近四千米的山脉中行走，晚上走不到预定住宿点，就去敲当地居民家的门，看谁可以收容他一晚。

"有一次睡在鸡舍，我在睡袋里裹得紧紧的，一大早就有鸡飞到额头上，拉了一摊屎，如此展开我的一天。"雅爸谈起在尼泊尔的旅行经验，"对我而言，黑暗与孤单并不可怕，人比较可怕；黑暗与孤单不会伤害你，但人会。学会与大自然相处，比与人相处来得容易且美丽多了！"

像雅爸这样的以色列人，随处都是，每个人身上都有属于自己的旅行故事。不认识的一群人坐下来，只要聊起旅行，气氛马上就会热络起来。

此外，大家在旅行时一定都会买旅行保险；在高山旅行的人，也一定都有搜救保险。"出发前要自己评估好风险，知道有问题时如何救自己，而不是把责任推给国家。"雅爸细数当年他买的旅行保险种类后告诉我。

2015年尼泊尔大地震时，以色列三大保险公司同步派了救援小组前往，正是因为他们的顾客都买了意外险。

## 在旅行中学会互助合作

在这些人迹罕至的地方旅行，交换各种旅行信息与留下自己的行踪，是重要而且负责的做法。在曼谷，我曾走进有着希伯来文菜单的餐厅，留言本上写着各种旅行信息，一看就知道这是以色列背包客交换信息的中心。以色列年轻人从不排斥和陌生人一起旅行，在特拉维夫背包客中心，常会看到有人在墙上留下自己的旅行计划和电话号码，询问有没有人一起同行。

在海外，与本国旅客联络并留下资料的做法，在大灾难时特别起作用。尼泊尔大地震时，靠着少数人的卫星电话，以色列旅客报告了他们的所在地、当地所有以色列人的名单与情况，三天后，二百五十多名在地震后失联的以色列旅客，除了一位后来被证实死亡的年轻人外，全部被以色列政府找到。

而因为军队训练与旅行，我觉得这个国家的年轻人对同侪更信任和乐意帮助。

"你在军队中学会的是在战场不要丢下同侪。"一个刚从南美旅行回来的二十岁邻居美眉告诉我，"就算他受了伤，你也要把他扛走，因为若他之后成为人质，不只是他受苦，整个国家也会跟着一起受苦。"自建国之后，为了鼓励士兵上战场，以色列政府一直鼓吹"不能把我们的孩子抛弃在战场上"的原则。当有士兵被敌方俘获成为人质，政府一定会尽全力让他活着回家；所有当兵的年轻人，都必须想尽办法和团队同进同退。

这些训练使得退伍后的以色列年轻人在海外旅行时，也特别照顾同行的人。每当碰到从我的故乡到以色列自助旅行的年轻人，我都会开玩笑地说："走到难行或危险路段时，如果碰到以色列年轻人，跟紧一点；当你遇到困难，他们一定会留下来帮助你！"

## 你会鼓励孩子走不同的路吗？

2017年2月12日，有个二十岁的以色列女生Zohar Katz，在秘鲁旅行时突然感到不舒服，前往当地医院就医。医生诊断她是被某种罕见昆虫咬伤，引起血液感染，状况危急，需要全身换血。她每天需要十一到十五袋血，需要持续治疗十五天左右。秘鲁当地无力提供如此大量的捐血，血库告急。

消息传到以色列，马上成了各大新闻媒体的头条。Zohar家人和以色列慈善机构自动发起献血活动。四天后，以色列紧急救援组织Magen David Adom（类似红十字会）带着来自以色列民间捐献的一百袋合格血液及血液科医生，一起飞往秘鲁。3月2日，状况恢复稳定的Zohar搭机回到以色列继续后续治疗，目前已经恢复健康。

我当时连续追踪了几天的新闻和脸书留言，吃惊地发现这个社会有着强大的行动力与同情心。"为什么发生这种事，大家不会抱怨年轻人退伍后不念书、不工作，却跑去奇怪的国家旅行，才会被奇怪的昆虫咬到？"我疑惑地问。

"Winnie，在以色列当兵压力非常大，而且必须面对生离死别。退伍后的旅行，其实是最好的疗愈和整理，有助于厘清思绪，思考未来。再说，孩子都上过战场了，世界上还有什么地方比战场还糟糕呢？"雅爸说。而他也是在全球旅行的那一年之后，才决定要去念大学。

"旅行中本来就会发生很多奇怪的意外，以色列有那么多孩子在外旅行，碰到这种事，父母自然感同身受，他们也会希望今天若是自己的孩子碰到这种事，大家都能够帮助他啊！"

看到Zohar这个女孩在以色列受到的待遇后，回头看那对在尼泊尔受困的小情侣，男生脱困之后，受到网友的质疑与责难，真是觉得非常难过。

"在没有外援的情况下，他们能够撑这么久，真的是不容易；也真可惜都这么努力了，两个人还是没有办法一起活下来！"雅爸在看完新闻报道后，下了这样的结论。我想这个结论，也是所有鼓励孩子冒险挑战困难的大人们，共同会有的结论。

而你呢？你会鼓励自己的孩子在长大后，勇于走与别人不同的路吗？

Think About It
试试看！你会怎么做？

"教养没有标准答案，只要听懂孩子的话，
就能找到专属你们的相处之道。"

1. 如果孩子想要走与别人不同的人生道路，你会如何反应？为什么？

........................................................

........................................................

2. 我们要如何协助孩子克服恐惧？如何让孩子在跌倒时，有意愿而且能够自己站起来？

........................................................

........................................................

# 适时放手，
# 让孩子有面对冲突的能力和自信

要养出有安全感的孩子，并不是指父母得随侍在旁，随时回应，看到孩子快被另一个孩子踩到，赶快把他抱起来；相反的，**要养出有安全感的孩子，父母要适时放手，让孩子有自己面对冲突的能力和自信。**

念小学四年级的老大去了三天两夜的校外教学机构，回来后，连续几天都在聊旅行中的大小事，其中有一件事情，让她印象深刻。

"我们有一天爬山，上一条山路时，老师跟导护（由父母组成）都要我们特别小心，因为那条小路一次只能走一个人，两边都是斜坡，如果不好好走路，很可能会滚下去。

"可是，你知道男生都很顽皮，我听到——其实大家都听到了，隔壁班有个男生一直捉弄走在他前面的女孩，拉她的辫子，不然就是故意吓她。女生一直设法用言语制止对方，但他还是那样。女生越来越生气，老师正准备上前阻止男生，结果女生突然很火地转身推了对方一下，男生就从旁边滚下去了……"

"滚下去了？"我吓得差点从椅子上跳起来。

"对啊，就滚下去了，我们看到那个男孩滚到山坡下，老师们直冲过去，他自己慢慢站起来后，就大声哭了！"

我听到小男生能自行站起，才松了一口气，问女儿："那座山都是沙子吗？后来老师怎么处理？"以色列很多地区黄沙漫漫，小山高度通常不高。

"山上都是沙砾和小碎石，男生身上很多擦伤，手、脚、背都是。他就一直哭，所以老师叫了救护车把他送去医院。"老大继续说，"我昨天在学校看到他，还是很皮，又在捉弄其他女生，被捉弄的女生说，你被推下山一次还不够吗？大家都笑了！"

听完这个故事，我在想，如果我是男童或女童的父母，会怎么做？老大的导师告诉我，当时导师和在场的家长跟小男生的父母解释了整个状况，两个孩子互相道了歉。

就这样？女方家长不用出来赔罪吗？男方家长不会想要起诉对方吗？

在我的教学经验中，最让父母跳脚暴怒的事情，第一是大人对于孩子的各种暴力（肢体上与语言上的）；第二就是孩子与孩子之间的各种肢体冲突。

## 别人皮，为何我家孩子要遭殃？

每个孩子都是父母捧在手心细心呵护长大的。孩子自己不小心跌倒，都会让大人揪心难过，更别说是别家孩子造成的伤害；对于十分爱护儿女的父母而言，简直就像天塌了下来。不管对方的理由是什么，父母的愤怒总归是难以平息。

再者，所有教育者都说孩子就是顽皮，就是会打来打去，但为什么别人家孩子皮，我家孩子就活该要被捉弄？明明是别的孩子不小心，为什么我要眼睁睁看着自己的孩子被波及？

所以，不论自家孩子是顽皮动手的一方，还是被波及受罪的那一方，做父母的究竟要如何面对呢？

答案非常简单：让自己的孩子在这种《蝇王》（*Lord of the Flies*）的同伴体系中，发展出属于自己的求生之道以及合纵连横的策略：什么时候要离那些孩子远一点？如何让个子比我高的人听我的话？什么样的朋友适合我？有人一直捉弄我，我要怎么处理？以下五种方法，能帮助孩子发展生存之道：

**1. 没有大人介入的空间。**要给孩子足够的自由活动时间，而且没有大人介入。最好是从幼儿园小班或中班就开始。只有在大人尽量不介入的社交互动环境，孩子才能自行学习，自行摸索。

2. **容许冲突**。孩子相处，一定有很多冲突。大人可以觉得这些冲突很烦（这是真的），同时也要提醒自己，每次冲突都是孩子学习面对不同意见、了解自己与他人需求的机会。大人的功能在于让冲突的双方把话讲清楚，找出彼此接受的和解方式（而不是大人的）。

3. **适时介入与引导**。如果完全没有大人介入，一群孩子互动的状况就是比拳头和比智慧，也会倾向于跟随强者，有意识或无意识地欺负弱者。而大人的教养重点是让每个孩子发展出自己的生存之道，包括弱者。因此适时介入与引导是必要的。在弱者太弱时，出手把其他纠缠者赶走。

但大人要提醒自己，赶走那些欺负别人的孩子之外，也要试着让弱者自己强大起来。社交上比较弱势的孩子，非常需要大人的保护伞给他们安全感，知道他们被欺负时有人可以帮助他们。但同时也要在孩子有安全感的情况下，教会孩子更多社交技巧，让这些孩子强大起来。不然，大人可以帮到几岁？十五岁？二十岁？当大人不能帮助他时，他怎么办？

4. **利用机会教育**。就像一开头的例子，小男生顽皮造成小女生的气愤，但最后是小女生推了小男生，害小男生受伤。这件事谁对谁错呢？有没有更好的处理方式？父母的心情如何？当事者的心情如何？在场的人可以帮什么忙？有没有机会阻止事情发生？事件过后，大人可以让所有孩子一起讨论，从中学习，并由孩子自己提出解决之道。一般而言，孩子想到的解决方式都比大人更加严格，但若是孩子提出的，大家便会比较愿意遵守。

**5. 提供社会化的过程。** 没有大人介入的孩子群，有时动物性的反应比较强，这时已经完全社会化的大人，就该带领孩子理解与学习文明社会的价值（济弱扶困，用言语沟通取代肢体暴力，每个人都值得被好好对待……），不让自己的情绪，特别是负面情绪凌驾一切。换言之，大人要了解自己是成熟个体、文明社会的典范，是那个要教导孩子如何用言语解决冲突与暴力的"文明人"。

带着被欺负的孩子去打欺负人的孩子，是青少年帮派的解决办法；一群大人让一个孩子用暴力对待另一个孩子，发泄自己的情绪（就算没有真正打伤对方），那个场合就等于没有大人的存在，只有一群愤怒、受伤、害怕且不知所措的孩子！

"教养没有标准答案，只要听懂孩子的话，
就能找到专属你们的相处之道。"

1. 如何区分"提供可探索的安全环境"和"过度保护"之
   间的差异？

   ........................................................................

   ........................................................................

2. 回想我们和孩子的相处，是否有难以放手的经验？有的
   话，当初是为了什么原因而无法放手？

   ........................................................................

   ........................................................................

# 慢慢来，比较快

**以色列教育的大原则是看到孩子个人特质和学习速度，不给过多的不必要期待，要让孩子赢在未来，打好基础、慢慢来比较重要。**

"你们在以色列怎么做幼小衔接？有没有提前入学考试？"回老家时，一些朋友跟我提到时下在南部风行的"提前入学考试"。很多家长希望把不足龄的孩子送入小学，所以在幼儿园时就让孩子开始补习。孩子如果可以考过而提前入学，大家就会觉得孩子很"资优"。

"那他们会怎么做幼小衔接？我想差异应该不大吧。"我回问。

## 幼儿园的留级制度

虽然以色列义务教育已经从 2012 年开始，向下延伸到三岁（幼儿园小班），但跟我的故乡一样，幼儿园是幼儿园，小学是小学。幼儿园不重视学科学习，小学则要开始正式进入学习阶段。就我的认知，以色列幼儿园中每天真正坐下来上课的时间非常少，数学、语言都是分小组上课，几乎看不到一整班坐下来安静上课的情况。

上了小学，要面对新老师、新同学、新环境，要准时到校，有上下课钟响，要开始背书包上下课，要一起坐下来听课，厕所在教室外头，上厕所得先跟老师报告……这些大小事在以色列一样令父母烦恼。如何让孩子从"天天在玩乐中学习"过渡到"天天坐在教室里学习"，而且要对自己的言行与随身用品开始负责。这不论在我的故乡还是在以色列，同样都是生命中重大的转变与里程碑。

所以，除了我的故乡的父母会对孩子的学习状况比较在意，希望提前学习外，一般幼小衔接，包括提醒父母调整孩子的作息，为孩子基本的学习能力与体能打基础，帮孩子处理好同伴关系……甚至是带孩子到学校参观，到小一班上旁听课，小一导师的暑假家访或电访……该做的，该想的，其实大同小异。我跟朋友谈了半天，发现教育机构在这部分的努力，已经做得很好了。

"相对于在我的故乡，很多父母希望孩子提早入学，但以色列幼教老师却有权决定，孩子是否需要多留幼儿园一年。"我想起两个孩子上小学前，曾参与过的幼儿园家长会谈。

"啥？"计算机另一边的朋友似乎吓了一跳，"以色列在幼儿园就有留级制度？"

"留级制度？"我看到这四个字也吓了一跳，"不不不，这不代表孩子资质不好或程度差，不是这个意思……"

## 分班不抽签，不能说情

要说明这个制度的意义，得先从以色列幼教师资培养谈起。在以色列，教育部负责管理义务教育（三到八岁），经济部管理幼儿教育（零到三岁）。虽然仍有学龄前教育及学龄教育之分，但在师资培养上，教育部却把幼师资格证书阶段，定在小班到小二。

"这代表我也可以去小学教书。"某次我跟小雅的园长聊天时，她这样告诉我，"当然去念这个学位的人，多半是想要成为幼儿园老师。所以我们都是去幼儿园做大实习，但还是要去小一和小二做小型的实习。这对我们的工作帮助很大，因为幼小衔接是幼儿园大班老师要做的事，我们得十分清楚升入小学时，孩子必须具备哪些能力，评估孩子是否已经准备好，帮助孩子的求学生涯从一开始就比较顺利而正向。"

而且，以色列幼教老师可以影响小学一年级的分班决定。

幼师每年必须与教育局督察一起汇总所有小一学生名单，包括学习状况与个人资料，与小学一年级的导师做"交接"，说明每个孩子的情况。

"暑假时，孩子未来的小一导师会找时间跟孩子碰个面，做个小会谈与小测验来建立初步印象。但其实导师与幼师们开会时，就已经很清楚每个孩子的强项与弱项，甚至是孩子父母的情况。这可以减少师生磨合的时间，让导师快速进入状态，马上接手提供孩子需要的协助。"园长如是说。

另外，在分班上，这里也有一套处理原则。

"我们是小学，所以开完交接会议之后，学校才会依据每个导师的教学能力、孩子的情况，进行分班——我们不抽签，也不接受说情，而是依教育需要分班。幼师可以对要把哪些孩子放在一起或分开，提供专业的教育建议；小一导师也可以依班级管理和发展的需要，要求把某些特质的孩子放在自己班上。"园长眨眨眼说，"毕竟从教育专业角度来看，我们希望每个班上有各种不一样的学生，有某种程度的平衡，而不是在小一就把某一类的学生聚集在一起。"

## 孩子准备好了吗?

对于幼儿园老师而言,孩子上了小学后就走上了一条学习的"不归路"。在那之前,该有的准备与演练越多越好。如果与地方教育局的督察共同评估后,认定孩子没有准备好,幼师可以要求孩子多留大班一年。

"在幼儿园我们不在意孩子的学科表现,学习能力强的孩子也不见得会受到赞赏。但上了小学之后,就要求能在椅子上坐得住,能静得下心来听讲,有专注力,具备足够的生活自主及社交能力。有很多因素会干扰孩子的学习,所以我们希望在上小学之前,把这些基本能力培养起来。如果没有完全准备好,就不要急着把孩子推出去。若第一年的学习经验很挫败,孩子要如何学完后面的十一年?"园长语重心长地说。

## 那怎么知道孩子准备好了没

"你记得我们从小班开始就有'工作坊时间'吗?"园长问我。我点了点头。这个活动其实就是所有孩子坐下来,专注动手或动脑的时间。一般而言,会有四到五个桌子,每个桌子上有不同的活动,或许是画水彩、写数字或连连看、美劳剪贴、拿线穿珠子……

"'工作坊时间'能观察孩子是否有能力安静坐着，并专注一段时间，也可以看到孩子精细肢体活动的发展状况（孩子是否会拿笔，是否会用剪刀）。如果孩子到了大班，仍无法耐心坐着，独立（或在老师的指导下）完成一件事；到了大班下学期，剪刀还不大会拿，或是对'工作坊'的内容完全没有兴趣，只想出去荡秋千或玩沙子，成果墙上从来没有贴过他的作品……那我会说，这个孩子还没有准备好。当然，这只是其中一个方面。"园长细细解释道。

## 留级一年，效果更好

当然，还有其他很多方面可以评估，并不是只有专注度或肢体发展不足的孩子会被留下来。我当大班助教的那两年，班上有一个十分聪明而且创造力十足的小女生，被多留了一年。那个孩子在班上及家中排行一直是最小的，加上升小班时父母离异，孩子的自信心与安全感都非常低。虽然聪明，却总觉得自己很小，什么都不会。念大班时，从来不跟同年龄的孩子打交道，每天黏在老师与助教身旁。她的脑袋与生理状况已经准备好了要上小学，心理状况却还没有。

而留在大班的第二年，情况有了一百八十度的大转变。她变成幼儿园的"老鸟"——年龄最大的一个，加上她聪明伶俐，所有大班与中班的孩子都很乐意向她询问，要求她的协助。她很快变成班上的热门人物，渐渐地，她不再需要躲在老师的身后，开始相信自己是有能力给予的人，并且充满自信。

这孩子今年十三岁，成年礼后回幼儿园"探亲"。我略微询问了一下她求学与交友的情况，从她自信快乐的笑容中，想到她当年的退缩与害怕，让我觉得园长的决定果然十分明智。

说完之后，朋友停顿了一下，继续问我："那家长呢？家长不会觉得没有面子？或是亲朋好友觉得孩子被留下来，代表孩子程度很差？"

## 家长心态是关键：不跟别的孩子比快、比早

我想起跟小雅同年的一个男孩子，他聪明可爱，从小讲话便很成熟。然而大班时，我跟他母亲谈起升小一的事，她说这孩子在"工作坊时间"只会晃来晃去，怎么都坐不下来，成果墙也常常是空的。

"他背得出所有恐龙的名字，却无法背出一到十！"他妈妈不太高兴地说，她觉得孩子没有要上小学的感觉，打算跟园长要

求多留一年。

"等他打算把聪明才智用在正规学习上时，再让他上小学。"当然，从这段对话中，我知道孩子有些个性及态度的问题，没有深入探问。而那一年，幼儿园有三个男生被留了下来；老二玛雅升小学的那一年，则有一男一女被留了下来。这种状况在以色列幼儿园并非特例。

"我不觉得以色列父母认为被多留幼儿园一年，代表孩子很笨或程度差，他们跟幼儿园老师一样，通常觉得孩子的心理或生理还没有到位，不用急！"我想了一下回答，"这样不是挺好的吗？在孩子小的时候，父母就学会不跟别的孩子比快、比早。"

大概父母们很早就被以色列教育机构这样"教育"，以色列父母对于孩子的生涯规划，或中断学习的计划，通常可以弹性面对。以色列很多孩子高中毕业后不打算直接去服兵役，而先去做一年的小区服务；或是当完兵不直接工作或念大学，而是先去环球旅行；很多人结了婚、生了孩子之后才念大学，偶尔找不到保姆时，还要带着宝宝到大学一起上课。

在这里，没有人告诉你几岁之前一定要做哪些事，或一定要做完哪些事。二十二岁或三十三岁念完大学，**只是人生规划的不同，而不是胜利与失败、优秀与愚钝的标准定义。**

我不否认早些念完大学，找到一份好的工作，早点找到对的人结婚，趁年轻有体力时赶快生孩子，是节省时间、不浪费人生的正确做法。但是，如果身心状况还没有准备好，那"慢慢来"或许才是"比较快"的方式。

* 本文改写自《犹太妈妈这样教出快乐的孩子》中《以色列幼儿园就有留级制度？》一文，中国台湾小树文化出版。

Think About It
试试看！你会怎么做？

"教养没有标准答案，只要听懂孩子的话，
就能找到专属你们的相处之道。"

1. 你对于"优秀"的定义是什么？会不会担心自己的孩子
   识字或算术的能力比其他孩子差？

   ........................................................................

   ........................................................................

2. 父母常希望能让孩子"赢在起跑线上"，你的观点又是
   什么呢？

   ........................................................................

   ........................................................................

# 放下控制欲，让孩子自己去学

相信"儿孙自有儿孙福"是一件困难的事情，特别是"人生胜利组"的父母们，很难放下控制欲，先是预先规划孩子的人生，甚至过度干预孩子的自主学习。我幸运的地方可能是因为在以色列身为"外籍新娘"，没有足够资源和能力过度干预孩子的学习，在这样的环境下长大，孩子率性而为，反而更强大。

## 孩子有自己的时间表

我来以色列才开始接触幼教。这里幼儿园的大原则是不教孩子阅读和算术，但老师会回答孩子的所有问题。换言之，学习主动权在孩子身上，教育者认为未扎好根的孩子，没有必要揠苗助长。这里除了通过游戏就能学会的字母、押韵字、一到十等基本学习，教学重点其实是放在人际关系、体能发展、学习解决冲突、常规自理和按照步骤做事等上。

我们相信，每个孩子有不同的时间表，和别人比不仅没有意义，而且容易判断错误。例如说，教学现场若听到孩子不到十个月就会走路，没有人会跟孩子的父母说孩子好棒，事实上，跳过爬行阶段的孩子，再大一点容易有上肢力气较弱的问题，影响孩子精细动作发展的质量。当然，宝宝只要并非因为外力（例如学步车），而自行省略爬行阶段，倒也不用把他压回去爬行，而是让他多参加需要爬行的儿童活动，刺激上肢发展。

至于教导孩子阅读这件事，幼儿园老师的态度亦相对被动：我们每天有很多和词汇、故事、字母相关的活动和游戏，但不会坐下来带着孩子一个字一个字地读。然而，要是孩子自己有耐心主动学认字，老师就会回答他所有的问题。

这不是因为早早学会阅读不好，我每年都会看到有四岁左右的孩子已开始自行阅读，但在以色列这些孩子是自愿学习。学会阅读等于帮自己的世界打开了一扇窗，可以不靠其他人便能观看风景，这件事好得不得了。

但站在幼儿发展的立场，幼儿园有更重要的任务，这个年纪需要很多游戏：社交型游戏、逻辑性游戏、团体游戏、一个人的游戏、需要创意的游戏、需要建构的游戏……这些才是孩子未来学习的基础。至于阅读，可以等到六七岁再说。

## 孩子只想玩，可以吗？

我家三个女儿都是上了小学一年级才开始学阅读，一旦开始之后便一个接着一个超龄学习，在小一上学期就念完了下学期的希伯来文课本。三位导师面对进度不同的孩子，方法亦各有不同，但无论是提前给小二教材或给予课外读本，导师们从不挡着孩子的进度，而是让她们各自发挥。

到了小学二年级，以色列教育部有个全国性的资优生考试，主要是考希伯来文和数学。老二玛雅继姐姐之后，考进了资优班。

说实在的，当我们收到录取通知时，我和老公面面相觑，开口的第一句话是："现在要怎么办？"

会这么说，是因为玛雅和姐姐非常不一样。当初姐姐对学习抱持高度热忱，主动要上资优班的课程。然而，玛雅不同。她是个情商（EQ）很高的孩子，从小与其他孩子的互动便展露了高度成熟，让带过她的老师都很难忘。

她两岁多时，有次在幼儿园的沙坑玩得不亦乐乎，她是最后一个留在沙坑的孩子，老师提醒她差不多该走了，她双眉一皱、正准备大哭时，了解她的老师马上展开谈判："如果你不哭闹，可以陪我到整理完沙坑再走；不然，现在就马上进教室去。"
张大嘴巴才要哭的玛雅，听了这句话，闭上嘴想了几秒，点了点
头，坐下继续玩，直到老师要求她收拾手上的玩具，便一起牵手
进了教室。

因为她好沟通、听得懂话，一路走来人见人爱，是朋友的焦
点、老师们口中的小甜心，在学校如鱼得水，课程对她太简单，
她就当起小老师，协助老师教学。对她而言，上学的快乐在于与
朋友、师长互动。

可是现在考上资优班，每周要抽一天去别的学校上课，而且
原学校不负责补课，必须自己找时间补习、写作业。少一天不能
和朋友玩就算了，我们住在偏远地区，我和雅爸都有工作无法接
送，她得自己一个人搭两个钟头的公交车去上资优班。

"我真的需要上资优班吗？我真的资优吗？搞不好是我胡乱
猜题，蒙对答案！"看到录取通知的那一刻，这一连串问题从我
脑中闪过，知女莫若母，玛雅果然真的这样问了。

## 资优班，学什么

其实我和雅爸觉得不上资优班也没关系，只是老大上了这些
年的课程，资优班提供的教学和视角确实非常有帮助。

以色列资优班的上课内容与学校课程无关，也没有额外作

业。大部分课程由了解儿童心智发展的大学教授设计与执教。他们对资优生的认定，和特殊需求生是一样的，位于天平两端的孩子，需要不同于学校课程的资源来辅助教学。

资优生需要知道"人外有人，天外有天"。学校课程对他们而言过于简单，而且"虎刺怕"孩子很容易找到老师没有准备好的地方和知识上的弱点，让孩子习得"学校老师都是笨蛋，我只要混过去就好"的学习态度。因而资优班课程的设计核心，就是保持住孩子对于知识的好奇心和热情，知道除了学校课程，还有太多可以学习的事物。

因此课程中有人类学、生物学、文化课程，甚至是教孩子拍摄电影（并让孩子自己去拍）。我还记得老大小雅上了第一年的课，告诉我："伊妈，我觉得相信上帝的学校，大概不会有生物课程……"

"为什么？"我不了解她从哪里天外飞来一笔。

"你想想，信上帝的人说'人'是上帝创造的，"小雅解释道，"生物学却说人类是其他生物演化而来。这叫信上帝的人如何接受？科学和宗教的冲突，从这里就可以看到了啊。"

喜爱思考的小雅，资优班课程给了她不同视角看世界。然而，玛雅却是个很"以色列"的孩子，她从来不觉得自己聪明，在原学校适应得很好，看不到资优班的好处，便很抗拒去上课。

像她这样的孩子不少，但我们和她的导师都希望她可以去试试，因为学校提供不了她所需的学习内容。

"玛雅在课堂上是和同学互动，而不是学习。"导师分析道，"学习人际关系的相处当然没有什么不好，但学校课程对她来说真的太无聊，她有能力学到更多。"玛雅导师是很典型的犹太教师，看到有潜力的孩子，便觉得该让孩子看到自己的能力。

## 大人适时轻推一把

开学后第一个月，玛雅每次上完资优班的课都很高兴，觉得内容非常有趣，回家后至少会花半个钟头和我们聊上课内容。但是，每到要上课那天，出门前她都是哭哭啼啼，让我于心不忍："她真的需要上这些课吗？"

与玛雅多次沟通后，我和雅爸决定做一些调整，积极协助她。玛雅才九岁多，要一个人搭那么久的公交车，压力自然很大，而且原学校一整天六堂课的作业，也非同小可。

我和同事协调，玛雅每周要远行上课的那天，我会晚一点到园班。当天至少可以陪她一起吃早餐、等公交车，让那一天成为特别的母女时间。我趁这个机会，和她分享自己求学时的经验，坐公交车时会如何排遣时间，发呆、看风景、幻想故事、睡觉等等。

雅爸也和公司要求，一个月中有一天可以中途开溜，他会去接玛雅下课，两个人去逛书店、吃冰淇淋，让玛雅对上资优班有更多期待。

我和雅爸说好了，如果努力三个月，玛雅还是觉得压力太大，我们就放弃。

而玛雅的导师则告诉她："不用担心学校功课，所有上课教材和作业，老师都会提前一周就整理给你，你只要在当周周五前完成就好。"导师班上亦有资优学生，她对玛雅很有信心，也要我们对玛雅有信心，她绝对有能力自己补上一整天的课程。

过了一个月，情况开始好转。玛雅了解到缺一天课真的没有影响，跟上进度并不困难；也学会了搭公交车不无聊的方法，一上车，她就坐到司机后方，可以听司机和其他人聊天，甚至自己和司机聊起天来。

最重要的是，她开始感受到资优班课程的好处，填补了她的求知欲，开拓了看世界的视野，她变得更好奇，对知识更尊重，也更具有思考批判性了。

资优班期末班会上，我们看到玛雅自己设计了桌游，眼里闪着自信的光芒，对路人解释"囚徒困境"（prisoner's dilemma）和"博弈理论"。那一刻，我们知道推了她这一把是对的。

"如果当时玛雅坚持不上资优班怎么办？"雅爸问我。

"那我们就放弃吧！"我和雅爸异口同声地说，然后相视微笑。

**"无论如何，孩子还是需要被陪伴、被看到、被相信，"**雅爸说，"我很高兴我们没有马上放弃，也协助她看到了自己的能力。"

上资优班的这一年，玛雅克服了意想不到的压力和挫折，现在，我们拥有了一个眼神明亮的孩子，就是最大的收获。

"教养没有标准答案，只要听懂孩子的话，
就能找到专属你们的相处之道。"

1. 你相信"资优"可以培养出来吗？

........................................................................

........................................................................

2. 你认为上了"资优班"对未来的成功有正相关吗？

........................................................................

........................................................................

3. 你觉得目前的"资优班"对于孩子的学习和成长有帮助吗？

........................................................................

........................................................................

# 维持学习胃口，
# 养出有担当的孩子

孩子总是很被动，不大清楚自己要什么？总是需要大人协助？我们来看看，以色列公立学校的教育中，学校和父母如何一起努力，维持孩子的学习兴趣，如何养成孩子负责任的能力。**孩子的好奇心和自主性是天生的，学校和父母该做的只是不破坏这个能力，并且在需要时，适时推一下。**

除了给予孩子自由与安全感，在孩子的成长历程中，家庭和教育机构都期待自己是孩子的"安全堡垒"，提供给孩子一个可以自由探索和成长的环境。在这个环境中，给予孩子适合他学习进度和能力的挑战是必要的。换言之，这必然是父母看到孩子的能力后，慢慢放手，让孩子独立和自我选择的过程。

## 从一年级开始，孩子自己对学习负责

老大上小学一年级后，我开始认真观察以色列的小学教育。在孩子的小学生活中，有一件让我印象深刻的事情：没有"家庭联络簿"！

在我的故乡，家长与教师的沟通大多通过家庭联络簿，并且以此了解、监控孩子在学校的行为。父母每天要签名，导师每天要批改。

在以色列，教育者相信需要从小让孩子了解"完成学校、老师交代的事情"（无论是回家作业还是行政事项）是学习的一部分，他们要自行负责，而不是靠家长与导师整天耳提面命。而老师则是通过 E-mail、WhatsApp 群组通知父母，沟通学校行政事项与每周学习情况。

而随着孩子年龄的增长，导师对于孩子自律与责任感的要求也会逐年增加：小学二年级时，每周只有固定两天有家庭作业。导师要求孩子必须自行告知父母，要求协助（通常只有一样功课，不需要写下来）；升上中年级后，孩子则会拿到行事历，自行记载当天各科回家作业与一些特殊要求（例如大屠杀纪念日要穿白色上衣上学）。导师不负责确定孩子是否抄写到所有的回家作业，家长也不用签名。孩子有义务与责任自行完成作业，并且告知父母学校的要求。

通过每天完成"导师与分科老师的要求"，逐渐建立孩子的责任感、独立性与自律。导师与家长在当中扮演协助而非监督的角色。如果孩子有困难，导师与家长会提供各种小技巧，让孩子找出适合自己的方式来完成这件事。重点不只在"完成"学校交代的事情，而在"自行完成"学校交代的事情。

我故乡的很多父母听到这个制度，都会觉得不可思议。比较被动而没有责任感的孩子怎么办？

我的回答是：**如果没有放手，就不知道自己的孩子有多少能力。放了手，孩子真的没有能力做到，再来协助他。**父母无须一直通过联络簿，掌握孩子在学校的行踪和行为。孩子如果真的发生什么大事，导师该做的也是打电话而非写联络簿。

## 想象力比零错字重要

孩子进了小学之后，我跟许多老师与家长有多次深度对话。在以色列，老师与家长都相信，最好的教育是**维持孩子对于学习的好奇心与自主性。**

在此前提下，老师在课程设计上强调活泼、可讨论性、思考性与动手做，并且强调个别差异，给予孩子不同的课程进度与教材。

我家老大小雅升上小学一年级时，跟大部分的同班同学一样，还不会自己阅读绘本。导师从拼音教起，并且在开学两个月后，开始上作文课。

有一天我在家里看到小雅正在写作文，写作一首小诗。我虽然希伯来文不好，但也看得出来她的拼写错误百出。那天，我硬要小雅把作文中的所有错字全部改掉，两个人沟通得很不愉快。

隔天，导师在电话中告诉我，教导孩子通过文字表达，才是这个年龄语言教学最重要的事："小雅虽然才开始写作，但已经可以看出丰富的想象力与创造力。我们要先让他们愿意写、想写，知道可以通过文字表达内心。错字这件事，会在大量的阅读与书写后，慢慢自动更正。我建议不要再把心思花在纠正拼写上，坏了她写作的心情，每次拿起笔就要先担心拼写对不对，而非找出内心的言语。"

目前小雅已经念完小学六年级，在语言上突飞猛进。除了课本之外，还大量阅读了学校图书馆的课外书，并且热衷写作。小雅导师在看到其学习能力和速度后，亦不要求她和其他人"同步学习"。就算是在同一个班级，小雅仍可以有属于自己的学习材料和进度。

"我们不催促也不阻挡孩子的学习。"小雅导师说，"每个孩子都有自己的学习速度，当然我们还是有一般的学习进度，但努力保持差异化和个别化。"

至于拼写错误，小雅目前的状况呢？还是偶尔可见，但，写出想象力丰富的文章，难道不比写出一篇零错别字的文章来得重要？

## 给孩子鱼，不如给鱼竿

在以色列，小学三年级要上"专题课"，是非常特殊而有趣的一堂课。这是教育部学科融合教学的尝试之一。以色列公立学校从小一开始上基础计算机与网络课，小学二年级则教孩子自己做简报。

孩子上了三年级，"专题课"是让孩子学会在教科书之外，自己找数据、组织素材、找出答案，做成简报。因此这个课程有一半的时间在教室上课（教室内有两台有网络联机的计算机），一半的时间在计算机教室上课。

学期初，老师先提出几个大主题：历史、自然、数学……孩子分组之后，自行确认最后的主题，便开始搜集数据并编辑整理，最后利用 PowerPoint 做成简报，分组报告。班上老师与助教的功能，在于协助孩子完成他们的简报任务，而非在讲堂上滔滔不绝讲话的那个人！

所以，这个课程是导师口中"给孩子钓鱼竿"的课程。"这个年代的孩子都拿平板来玩游戏——我不是说玩游戏就一定不好，但不如早些教会他们如何使用这些工具，与学习产生更多正相关的联结，让他们更有能力自主学习。"导师解释道。

从小学四年级开始，孩子一周有八堂课的时间是选修课。分为"科学""艺术""生活技能"与"学习工具"四大主题。每个主题下各有两到三堂课，孩子可以自行选择。我家老二玛雅去年选了"烹饪""机器人""葡萄牙文"和"刺绣"四门课。

这些课程有助于孩子开发和试探自己的专长，进一步了解自己是否适合参与一些才艺班。

"想要孩子保持学习的热情和自主性，必须给予一定的选择权。"玛雅导师在学期初家长会上这么说，"我们发现孩子自己选择的，他们通常会比较主动，也清楚自己要负什么责任和代价。"

对我而言，玛雅选择了"烹饪"课程后，最大好处就是知道如何使用微波炉和烤箱。有个周末早上，她在厨房忙东忙西，用微波炉做出了比萨和蛋糕，自己切了沙拉，做了很棒的一顿早餐。

而这些选修课也跟才艺班一样，孩子往往学习了一两个月后，才发现不适合，因此这里会有一个月的试听期。孩子可以每一堂进不同的班级听课，一个月后再来决定要选修什么课。

## 没有分数的成绩单，却反映了孩子的学习能力

我们孩子念的虽然是偏远地区的公立学校，却是全国前百名

的优良小学。这样的一所小学，竟只在六年级时，才发成绩单给父母。

当然，从小学一年级开始的期末个别家长会，老师都会很仔细地与父母谈论孩子每一科的学习以及其他科任老师的反馈。然而，没有各科分数，没有排名。父母可以知道的就只有自己孩子的学习状况好不好，而不是在班上排第几名。

从小学四年级开始有课堂考试，但没有成绩单。因而孩子考得好不好，全班考的情况如何，只能问孩子，或是问愿意讲自己成绩的其他孩子。

而到了六年级，孩子把成绩"本"拿回家时，一样让我吃惊！原来这不是一张上头写着科目和分数的单子，而是一整本的成绩本。每一个科目都有自己的一页。除了语言、数学和英文之外，其他都没有打分数。

没有分数，我要如何掌握知道孩子的学习状况？拿"科学"的学习评估方式来说明吧。

在"科学"这一科里，一开始写了评估内容有两项："知识"及"学习技巧"。"知识"是指六年级在学的学科内容。这一学期孩子学的是"能源以及能源对自然的影响""人类对于自然能源的使用和探索"，每一项都分成"需要改善""良好""非常好""优"四个等级；接下来的"学习技巧"又分为三项："分析科学性文章的能力""批判思考和问题解决的能力""做科学实验阶段的能力",一样分成四个等级。

最后科任老师给了评语:了解各种能源在自然界的现象和对于人类社会的重要性以及影响,有能力分析相关科学文章,并且有兴趣自行补充,扩大主题的学习内容和丰富度。

我看到这个科目成绩表,觉得非常耳目一新。在我读书的时候,成绩单中除了分数还是分数。仅能传达对知识的熟悉度,但无法得知孩子的阅读分析能力或批判思考能力。

而这张没有分数的成绩单,却更简单明了地让我了解,原来我孩子的学习能力目前到这个程度了。

除了"科学"之外,每一科一样都有"知识"和"学习技巧"两项。像是在"语言"(希伯来文)这一科中的"学习技巧",就把"阅读理解力"分为"阅读理解力——知识性文章"以及"阅读理解力——故事性文章"两种,让人一目了然,十分清楚孩子的能力层次。

今年我家老大小学毕业。回顾她这六年的课程,虽然没有家庭联络簿,没有成绩单,没有分数,没有排名,我一样可以了解她的学习状况并给予协助。而在看了她各科成绩的分项评比之后,她哪一科拿到的是 100 分或 98 分,也就没有那么重要了。

"教养没有标准答案，只要听懂孩子的话，
就能找到专属你们的相处之道。"

1. 你会如何了解孩子的学习状况？

........................................................................

........................................................................

2. 在学习过程中，如何放手给孩子自主选择，但又让孩子
   负起责任来？

........................................................................

........................................................................

# Chapter 4

# 培养"虎刺怕"孩子，犹太教育盛产精英和富豪的秘密

飞得高，靠自己；飞得远，要靠团体，
勇于冒险的孩子，更要懂得沟通，
才能让未来之路，走得又长又久。

LOADING ● ● ● ● ●

安全感　能力感　自主性　独立性　冒险心　沟通力

# 犹太教育里没有"乖孩子"

在与孩童的互动过程中，如何让自己的话进入孩子小小脑袋里，总是让大人觉得十分困难。而想要学习"如何和幼儿对话"，需要先厘清我们对于"听话"这件事的理解和期待。

在以色列养儿育女并从事幼教业后，常被故乡的朋友或长辈问："以色列孩子是不是很乖？听不听话？"

"有没有乖很难定义啦，希伯来文里并没有'乖'这个词；但是如果好好跟孩子讲话，他们通常会听话，至少有努力在学习听懂大人讲的话！"长辈听到我这么说便满意了，没有更多的疑问，我也从不多做解释。

然而，自己家里有孩子、又很了解我的平辈朋友们，可就没那么容易打发："你说以色列教育是要让孩子做自己，又说要教会孩子听话，这两件事情是矛盾的啊！"

嗯，我知道在这件事上，我一直在玩"文字游戏"。大家平常使用"听话"两字，跟我所定义的有些差别。

那我所谓的"听话"是什么意思？

## 当孩子有了自信和安全感时，才愿意配合大人的期许

解释这件事之前，我要先绕开主题，谈谈孩子安全感的由来（听不听话，真的和安全感有关）。

"让孩子决定所有的事情""不给孩子任何限制""完全让他们依自己喜好去做任何事""任孩子予取予求"——这样的教育，能不能养出冒险犯难、有自信、有安全感的孩子？

实践上的结果：不会！

首先，就算大人理念上想给予孩子完全自由，在实际操作上也不可能实现。大人不可能放着两岁大的孩子自己玩热水，不可能让九岁孩子把家里的车子开出去。如果大人真的放手让孩子做这些事，这不是给孩子自由，而是玩忽职守！

再者，**给予孩子超过他们心智年龄可以负担的自由和责任，通常孩子的反应不是高兴欢喜，反而是退缩害怕。他们没有与之匹配的能力，容易无所适从。**

所以，以色列的幼教界相信，通过"良好的对话与说明"，给予孩子明确而适合身心发展的界限，可以提供给孩子很大的安全感，包括:（1）大人持续一致的态度;（2）及时确切地响应孩子的需求（包括心理与生理需求）;（3）适合孩子的自理能力与作息时间。

孩子在三岁前，对于抽象的道德概念并没有理解能力，在行为准则上，只能了解什么是"被允许"，什么是"被禁止"，无法了解什么是"好"，什么是"坏"。因此，"大人对孩子行为的反应一致性"及"是否以身作则"，绝对会影响孩子对特定行为的理解和反应。例如，父母一天到晚说吃糖不好，甚至用了负面字眼责骂想买糖的孩子，却在隔天买一包软糖来奖赏孩子的行为。这会让孩子无所适从，也更弄不清楚父母的期许。在缺乏安全感的情况下，容易表现出"不听话"的行为。

而当孩子太累或身体不舒服时，父母对于常规要求太过严格，一样会造成"不听话的孩子"。试想，身为大人的我们，偶尔会在身体状况不好时，先把常规事项丢在一旁（今天太累了，先去睡觉明早再收衣服）;因此，若父母无法察觉孩童的情绪与身体状况（孩童不见得有能力清楚说明自己的状况），硬是在孩童状况不好时要求完成常规事项，就会出现许多误解和"不听话"的情况。

当然，反过来，如果幼儿从小开始，就有很明确的日常规律和生活作息，我们反而会觉得幼儿"好听话"，这是为什么呢？

在以色列，从宝宝六个月大开始，托婴中心就提供明确的作息时间表。宝宝渐渐知道什么时候要吃，什么时候该睡，什么时候可以玩。到了一岁半左右，孩子甚至已经不需要幼师叮咛，学会了吃饭前去洗手台前等老师帮忙洗手；知道下午睡醒吃完点心，父母就会来接他们回家——**孩子对生活有预期，且预期总是会实现时，会让孩子觉得自己对浩大无穷的世界，有一些控制的能力，这会带给他们自信和安全感，也会较愿意配合大人的期许。**

## 是不听话还是听不懂？
## 还是听懂了却不愿意？

在与孩子对话的过程中，孩子如何响应大人的话语，可以作为大人了解孩子"处在哪个发展位置、该给孩子什么样的界限"的最佳判断点。若今天大人说了一句话，听力没问题的孩子，却做了相反或不完全一样的事，例如你要孩子把房间收拾好，孩子却没有把不同的玩具分别收好，而是把全部玩具往同一个箱子里倒。

这种"不听话"，有可能来自于"听不懂"，孩子不了解大人话中确切的意思或是没有能力做到；也有可能"听懂但不想照着做"，像是孩子知道要分别收好，却因为没心情或没时间而采取了其他做法。

大人搞清楚这几种"不听话"是很重要的。如果孩子是因为"听不懂"，大人必须改变说话方式、使用词汇及提供更多说明协助，例如说："把房间收拾好的意思，是玩偶要收到红色箱子里，拼图要收到盒子里并放到第二个抽屉里……"

若是"听懂了却不想照着做"，那就该进一步跟孩子讨论他的想法跟心情，如：是不是太累了？是不是在生气？是不是觉得现在不是收拾房间的时间？……虽然孩子的"不听话"，常让大人很火大，却是了解孩子身心发展，与孩子进一步对话的最好契机。

## 怎么说，孩子才会听，才能懂？

话说回来，我所谓的"听话"，意指把别人（包括孩子、大人）的话听懂、听进去，要做到这点对大人都不简单，对于理解力和行为能力都尚未成熟的孩子来说，更是不容易。

因此，以色列幼教引入了"中介教育"对话法，教导大人（作为一个中介者）如何通过适当的对话方式，引导孩子认识、了解世界（包含人类与其他生物）。这套学习法就是教导大人用孩子听得懂的方式对话，引导孩子学会倾听并且听懂别人的话。

在这套对话学习法的原则中，大人与孩子每次对话时，要注意以下要点：要在一个孩子可以专注听话的"环境"，要了解对话的"目的"，对话内容要符合孩子的"理解能力和生活经验"，要能协助孩子归纳以及"扩展理解能力"，要能提升孩子的"自我能力感"。整体对大人的训练，都是为了协助大人和孩子，听得懂彼此的语言。

**而学会"听话"这件事，是沟通协调、团队合作、解决冲突与问题的基石。**孩子如果能在入小学之前学会，对于未来的各项学习都受益无穷。

## 你希望他是乖乖听话的孩子？

可惜的是，我与许多朋友谈到"听话"这件事时，大部分人都只把孩子划分为"我说什么他就做什么的听话孩子"，以及"我说什么他就不做什么的不听话孩子"两种。"听话"的含义被简化为——"孩子听从指示，并照着指示做"。而孩子懂不懂"为什么指示是那样""为什么要那样做"或"为什么不可以那样做"对大人似乎一点都不重要。

"听话"就是"照着我的话做就对了"。背后的逻辑正清楚地教育孩子——"服从权威"比"学习"和"理解"更重要。若大人以教出按照指示做事的孩子为荣，也就难免错过利用孩子"不听话"的时刻，理解孩子的身心发展状况，给予孩子适当行为界限的机会。这样一来，自然无法养出有安全感、有判断能力、能听懂别人话语、能沟通协调、懂得团队合作的孩子！

Think About It
试试看！你会怎么做？

"教养没有标准答案，只要听懂孩子的话，
就能找到专属你们的相处之道。"

1. 在孩子"不听话"的情况里，有没有对方"听不懂"的
   时候？回忆一下，当初自己使用了什么词汇？是否孩子
   与你的理解不同？

   .................................................................................

   .................................................................................

2. 教孩子"听懂你讲的话"VS. 教孩子"听大人的话"，两
   者差异在哪里？是否有矛盾点？这两种对话方式，有何
   不同？

   .................................................................................

   .................................................................................

# 让孩子的生活经验
# 变成有意义的学习过程

我们到底要如何跟幼儿讲话？到底要注意些什么？有一套原则和方法吗？这套"中介学习"交互方式在以色列幼教界非常普遍，我们除了应用于日常生活，也鼓励家长在家中持续这样的对话原则。

我在学习幼教课程时，教授现场考核结束后，我花了一个钟头和教授对谈。教授坐下来，先赞美了我带领孩子的讲话方式和团队分工良好，突然冒出一句："Winnie，你注意过，团队老师怎么和孩子讲话吗？"

我愣了一下后回答："很少！我在园里时，都是我和孩子在一起；没有跟孩子在一起时，就是在开会或准备教案。"

"这样不行啦，你接下来的工作重点之一，是教会老师们'中介学习'教学法（Mediated Learning）。我看到你们吃饭时，老师对于等不及的孩子只会要求他们要有耐心不要乱叫，这样是不行的。对话没有同理和引导，孩子怎么学习？"教授说。

"可是我们园里人手有限，要在日常工作中训练老师有难度……"我皱着眉头说。

"你忘了有工作会议？只要每天花五到十分钟，听老师和孩子的对话和沟通方式，记录下你觉得可以改善的事件，在工作会议上就有足够实例可以和老师们说明。"教授提出一个简单又实用的解决办法。

## "二战"后，以色列的教育突破

第二次世界大战之后，很多在战争中失去亲人及可能有进过集中营经历的犹太移民，来到了以色列。当时以色列心理学者瑞文·费厄斯坦（Reuven Feuerstein）负责这些难民与孤儿的安顿计划，当时他便发现这些人有特殊的教育和心理需求。后来，他前往日内瓦大学就读，在心理学家安德烈·雷（Andre Rey）和皮亚杰（Jean Piaget）的指导下学习，1970 年在法国索邦大学（University of Sorbonne）获得发展心理学博士学位。他的主要研究领域是发育、临床和认知心理学。

20 世纪 50 年代，他与日内瓦大学的几名成员合作研究了摩洛哥、犹太和柏柏尔（Berber[1]）儿童。孩子们接受了一系列测试，包括智商测试，当时测试出来的每项结果都很差。

然而经过一段时间，给予这些儿童额外的心理认知与教育学习后，孩子们在各方面表现出显著改善，使得费厄斯坦开始质问自己，如果认知能力和智商并非固定不变，而是属于变动属性呢？

通过对新移民和文化不利的儿童的教导与研究，他逐渐发展出了"中介学习"（Mediated Learning Experience）理论。

## 什么是"中介学习"交互方式？

我们要怎么改变人的认知能力呢？如何让一个人变得更聪明，更能理解他所处的环境？

这套教学法背后的教育哲学，在于相信人类在学习过程中，人们是有能力识别环境中重要的事物，从而改变自己的适应方式的。根据这个策略，学习过程是适应不断变化情境的过程。当一个人在环境中遇到某种新情况时，他会学习新行为、新策略和应

---

1　柏柏尔人是西北非洲的柏柏语族。实际上柏柏人并不是单一民族，而是在文化、政治和经济生活上相似的部落族人的统称。

对方法，来努力适应新改变。而成年教养者应该在此时扮演中介角色，让孩子的生活经验变成有意义的学习过程。 [1]

根据中介学习教学法的理论，一个人主要通过两种方式学习：第一种是"直接接触"，将个人单独暴露于环境中，自行感受，例如孩子第一次碰到下雨，冲到户外，当雨滴打到身上，他了解到"这是水"；第二种则是"间接方式"，通过教养者的中介说明和带领，经过教养者的诠释，调动文化、价值观、态度，让对象进一步深入学习。例如，下雨时，教养者可以带领孩子看天上的云，听打雷的声音，看地上的积水，感受雨滴的大小……教养者将自己置于孩子与现实之间，他可以引导孩子做出反应，使对象的经验和体会具有认知或社会意义。

所以如果有一个好的中介者带领，一个孩子体验中介者的经验越多，从直接接触学习中获益的能力就越强；缺乏中介学习的经验，会导致孩子缺乏处理与理解直接接触的经验，在不熟悉和复杂的情况下，造成适应上的困难。

以色列幼教界多年来试图将这套教学法融入学前教育中，特别是对幼小的孩子，因为他们很少有坐下来听课的时间，老师必须在日常的各类感官活动和玩耍中带领他们。多年来，针对以色

---

1　Feuerstein (1998, 1988), Vygotsky (1978), Kozulin (2001)。

列的研究报告《成人在中介教育教学法中的作用以及对于孩子学习的贡献》以及《成人的中介教导行为与孩子的认知过程之间的关系》有了正向的研究结果，这不只是犹太人让幼儿变得更聪明的教学方式之一，更是以色列幼教专业的核心课程之一。

那么，实践中应该如何判断中介学习教学法的有效性，换言之，怎么样的沟通和对话，才是有品质的对话？

## 创造一个可以沟通学习的环境

"中介学习"教学法的最基本原则是"意图"和"互惠"。也就是大人想教、孩子也想学的状态下，大人和孩子必须处于互信且可以互动的状况；双方的情绪平稳，可以沟通。如果孩子对大人没有信任感或基本的接受度，所有教学都不会对孩子产生意义和影响。所以当孩子饿了、累了、情绪不稳定时，任何与孩子的沟通和说明都无法达到效果。大人要做的第一件事是"安排环境"：稳定孩子的情绪，减少周围的任何干扰，才能开始进行学习。

## 从自己的经验出发

这个理论相信每个人都有寻求"意义"和"感动"的需要。因此中介教养者通过言语描述和情感表达，获取学习者的好奇心、注意力，分享自己的切身感受或联结孩子的切身感受，使得中介教养者想要教导的主题、现象、事件、人物结合事件的文化意义，传达给孩子所属社会的价值观和信仰，让孩子可以体验和认识他人与自己的根源和个性，并由此对学习者产生意义。换言之，很多事件和客体，如果没有中介教养者的诠释和带领，并不会对孩子产生意义。

例如，一个放在桌上的杯子就是一个杯子，但如果老师通过温柔而感性的语调和孩子说："这是我祖父用的杯子喔！"因为在教学过程加入个人情绪和感受，这个杯子对于孩子而言就会有历史记忆和感动，从而产生意义。

## 从日常生活中拓展知识

一般而言，愈小的孩子，愈会从日常生活中学习：他们看到的、闻到的、摸到的、听得到的种种，都是学习的源头。中介者就是帮助孩子整合其日常生活经验，进一步归纳和拓展（依孩子的年龄和生活经验而定）；年龄越大，可以拓展的抽象程度越高。

拓展的内容可以是知识教育，也可以是情感教育。例如说两三岁的孩子在散步过程中看到了水坑，我们可以询问孩子为什么这里有水坑，而其他地方却没有，形成水坑的条件是什么？为什么有河流、海、游泳池（这些都是孩子生命经验中碰触过的东西）？这些可以聚积水的地方有什么共通性？是不是只要挖个洞就可以积水？

## 让孩子感受"自己做得到"

这种"中介学习"的基础是中介教育者经由鼓励，发展出孩子的能力感。利用设计好的教案或机会教育，给予适当的"成功经验"，让孩子产生"我有能力应付"的感觉，让孩子相信可以依靠自身能力发展下去。

在此原则下，让孩子通过每次小小成功经验的累积，逐渐产生想要成功和实现自我的动机，从而影响自我认知功能水平和独立水平，使得幼儿更愿意去尝试并且努力完成任务。

例如说，教导孩子进行拼图游戏时，因为有大量的零碎片，需要孩子们付出更多的努力和专注力。为了确保孩子成功地完成任务，老师最初只给予少量拼片，并在孩子每次成功时，给予口头或肢体接触上的强化；当孩子无法处理时，则给予进一步的指导和说明。这种中介学习将逐渐加强孩子组合拼图的能力。

当然，成人不要滥用"我知道你做得到"这样的话语。如果大人没有看到孩子的能力极限，而一味盲目地鼓励，容易起反作用。

## "跳出框框"的思考能力

给予孩子任务时，中介教养者必须给孩子一个值得停下来思考的信息，使得孩子在采取行动前，考虑不同的应对选择或达成目标的行动步骤。换言之，中介教养者可以提供思考方向或不同方案，但不应该给予解决方案。

例如，几个孩子一起冲向滑梯，有人想要从上往下滑，有人想要从下往上爬。此时，成人应同时禁止双方行为，请大家停下来想想：如果各执己见结果会如何？有什么解决办法？

因此，大人需要时时刻刻反思自己与孩子的互动与沟通，是否符合以上五大原则？互动与沟通的方式是否能够达成教育目的？方能协助孩子发展自己的认知能力和自我能力感。

以色列孩子通常有"跳出框框"的思考能力，这来自于大人不断引导孩子进行不同的换位思考。以游戏来说，从 Play（没有团体规则的玩耍）到 Game（一群人要遵守一定规则才可以进行的游戏），需要大人引导孩子思考"秩序的重要性"和"游戏规则的局限性"。在游戏中一次次地协调，孩子因此得以换位思考，并学习对话，最终抵达"自己解决问题"的目标。若大人只是把孩子丢在游戏场，任由其自行解决纷争，便忽视了中介学习的要点——中介者的引导。不可不慎。

"教养没有标准答案，只要听懂孩子的话，
就能找到专属你们的相处之道。"

1. 观察孩子与同伴的玩耍，哪些属于 Play？哪些属于
   Game？选一项活动来思考"秩序的重要性"和"游戏
   规则的局限性"。

   .................................................................

   .................................................................

2. 如果有其他孩子挑战游戏规则时，我们应该要求孩子遵
   守，还是其中有改变规则的空间？

   .................................................................

   .................................................................

# 放下情绪，重新思考孩子
# "不听话"的原因

怎么和孩子讲话这件事，除了把原则记在心里外，还要不停地练习，并且在练习的过程中，去除心中对孩子的既定印象和偏见，以及自己成长过程中学来的"无效沟通"方式。

在教授的教学现场考核结束后，我开始花心思观察我的团队成员如何跟孩子说话；听得愈多，眉头皱得愈深，才逐渐了解教授到底在跟我说什么。

我记录团队同仁和孩子的一些对话时，突然想到去年发生在园里的一个案例：有个两岁出头的小男孩，非常聪明，但有感觉统合的问题。在他有些累或不舒服的时候，会忍不住一直打其他孩子或乱丢东西，劝也没有用，讲道理也不听。

因为在园里大部分时间，都是我和孩子们在一起，虽然在工作会议中有提到小男孩的状况和我们要做的工作，但工作团队对于这个小男孩，并没有很深的理解（毕竟大多数时间是我在面对）。

当时，我临时被母亲的医生叫回老家，一个月后重回以色列，这个小男孩突然就变成了大家眼中的头痛孩子。

## 讲了没用，怎么办？

"我跟他说不可以丢东西，他还是丢个不停，我所有的时间都在和他打交道，对其他孩子不公平！"一个同事这么说。

"更严重的是，我有时受不了给他time-out，他不仅不难过，还会对我笑。我知道Winnie不接受世界上有坏孩子这种事，但看到他的笑容真是让我发火。"另一名同事接着说。

这个例子，跟很多有负面行为的孩子一样，因为成年人不了解负面行为的由来，给了错误的诠释，做出了错误的处理，结果愈处理愈糟糕。

"如果我们用一个方式去试，一直没有成功，代表这个方式是不可行的。"我对同事们解释，"我们一直要他停止负面行为，他却一直做，所以大家觉得他是故意捣蛋的坏孩子。然而，有没有其他的可能性？"

我停了很久，同事们面面相觑，没人给出答案。

我看着一脸困惑的同事，不禁想起，这几年我常被脸书上无奈的家长问："我的孩子只要一进卖场，就会突然很坚持要买某些东西，而我不让他买，他就会哭闹不休。我在卖场很努力地跟他沟通，可是都没有用，实在让我感到很受挫折。而且他哭得好可怜，我会觉得自己是否太严格了，最后只好买给他。我事先也跟他说了的，我们明明都谈好了，但是他进了卖场还是继续闹，我到底该怎么做？"

"我家孩子常指着某样东西要我们拿给他，我们给了他之后，他又继续哭说不是他要的，要别的东西。所以整个下午就是在'他指着某样东西——我们拿给他——他哭着说不是，然后指着别样东西——我们拿给他——他又哭着说不是'的循环中度过。我们觉得好受挫折，他也很受挫折……"

从这些大人讲话孩子都不听的例子中我们可以看到，跟孩子对话其实不只是考验大人的耐心，大人的讲话技巧及对幼儿身心发展的理解程度也很重要。所以，当孩子怎么讲都不听时，大人除了当成孩子想要挑战他的权威而恼怒外，更好的做法是放下自己的情绪，重新思考孩子"不听话"的原因。

## 听不进话的孩子，正在求救

以色列"中介学习"的第一原则是"和孩子对话时要有目标，并且要创造一个让孩子可以学习的环境"。

简单来说，**大人跟孩子对话时，要清楚自己在做什么，对话的目标是谁，而且要在孩子听得进去的情况下，才开始对话，不然就是无效沟通。**要创造孩子可以听得进话的环境，还要先了解孩子的情绪和行为从哪里来。

快两岁的孩子正发展出自我意识，想要自己决定一切。然而，他们其实没有能力在无限的选项中，找出自己真正要的东西，所以才会产生大人拿一百样东西给他，他仍然不满意的情况。

反过来想，在这样的状况下，孩子又会感到多么受挫折啊？

所以，作为一个大人，此时该怎么做，才能创造一个让孩子既能选择又能满足的环境？

又比如说，孩子在卖场闹情绪，一样是因为没有能力在多种选项中找出自己想要的，或是没有能力克制自己什么都不买。我们早就知道，迁就孩子的哭闹是最差的解决方式，甚至是反教育。所以，我们该如何针对孩子的年龄、气质和个性，创造一个他可以听得进去的环境？在他不遵守约定时，又该怎么处理？

别忘了，孩子听不进话，很多时候其实是在求救。

这两个问题的解决之道，留给读者自行思考，我要回头来谈园里的这个小男生。

## 创造"听得进去"的环境

"这个孩子有感觉统合的问题，有没有可能是因为他听懂了我们的要求，生理上却做不到？"我继续解释，"我们如果不能理解孩子的困难，就不能同理；不能同理，就引导不了孩子。"

"我们先来思考，这个孩子的感觉统合问题是什么？"我问。

"孩子有触觉接收不良的问题。"一个老师说，"所以他一直在寻找身体上的触碰，触碰量不足时，会去坐或躺在其他孩子身上，而且不太能控制自己的身体，一定要动来动去。"

"所以这个时候我们可以怎么做？"我问，"孩子就是停不下来啊。骂他有用吗？一直告诫他有用吗？"

"最好的办法自然是带他出去跑两圈，但我们人力不足，不可能有专人做这件事……"另一个老师说。

"很好，大家开始想办法了，而现实就是现实，我们没有多余人力可以一对一陪他，所以有更好的方式吗？"我继续问。

看到大家又沉默下来，我再提醒道："有什么事是我们可以带着他跟孩子一起做的？"

"一起唱游？"一个老师突然眼睛亮了起来说，"放音乐让大家可以一起跳来跳去？"

"把孩子一个一个叫过来做儿童按摩？"我接着建议，对于触感太敏感和不太敏感的孩子，正确的按摩方式对安定情绪有很大的帮助。

"请孩子彼此按摩？"另外一个老师继续说，大家愈来愈有创意，"或是玩包成木乃伊的游戏？"

我告诉工作团队，通常这个孩子控制不了自己时，我就会请他来和我坐在一起，我帮他做些物理治疗师教我的按摩，让他冷静一点，而且我会直接跟他说："我知道你今天有些困难，停不下自己的行为，过来陪我坐一下，我帮你按摩。"

"我这样跟孩子讲话，和禁止、告诫、说他做的都是坏事，两者对孩子有什么不同影响？"如果对孩子的行为有些理解，而且有解决方案，也许可以进一步了解孩子内心在想什么，"你们想想看，为什么给他 time-out 时，他非但不难过，还会对你们笑？好像对自己的行为一点都不觉得羞愧？也不在乎你们是否生气？"

沉默了好一阵子之后，有个老师小心翼翼地开口说："他应该不了解 time-out 是什么意思吧？以为我们叫他去别的地方，再叫他回来很好玩？"

"也许……他不知如何面对我们的怒气，所以干脆隐藏自己的恐慌和不知所措？"另一个老师说，"我以前碰到过一个被父母大吼大叫就把情绪封闭起来，变得面无表情的孩子，当然他是大孩子，已经上小学了。"

听到这里，我知道可以开始收尾了。

"首先，这个小男生非常聪明，而且能够解读大人的表情，所以他知道我们在生气，我相信他也知道自己做了被禁止的事，才会被请到别的地方去待着。"我开始说明，"但他其实没有能力控制自己的行为，所以我们的大吼大叫和处罚，对他而言只会让他害怕，而不是改善行为。他如果无法面对我们的怒气，转而用微笑来放松自己的心情，是不是比较好的方式？或是另一种可能性，我们大吼大叫时，他觉得自己终于获得了大人的注意，不管是正向还是负面的对待？"

"而当我们把他拉过来按摩，或用游戏的方式协助他时，孩子会知道大人看到他的困难，并且试着帮助他。这样他才可能信任你，才会有安全感，也才能听得进去你说的话。"

其实作为一个家长或幼教老师，必要时，我一样会对孩子提高音量，但那不会是在我情绪失控之际，而是在创造一个让孩子听得进话的环境时。例如说，我要告知全班孩子某件事，但孩子很吵闹时，提高声量请大家闭上嘴巴是必要的。

总而言之，面对怎么讲都不听的孩子，得回头思考大人与孩子的沟通卡在哪里。另外，也请记得，孩子需要能够守护他的大人，如果他一闹，大人就不知所措，或是只会用语言和肢体暴力压制，那他得到的信息将是：大人没办法守护我，只能用威胁和暴力让我屈服。

"教养没有标准答案，只要听懂孩子的话，就能找到专属你们的相处之道。"

1. 前文中，进卖场就吵着要买东西的孩子，你会怎么处理？

........................................................

........................................................

2. 对一个老是搞不清楚自己要什么的孩子，若你是父母，
   会怎么做呢？

........................................................

........................................................

3. 以上这两种情境，你期待的沟通目的和结果是什么？
   如何和孩子对话，才能达到"有效沟通"？

........................................................

........................................................

# 难以处理的老大情结
## ——手足纠纷

手足纠纷的复杂，不只是多人处于同一屋檐下这么简单而已，更是大人对于手足关系的期待和互动，还有孩子之间争夺安全感和资源的过程。做父母的唯一"解套方式"，是先看到每个孩子的"同"与"异"，满足孩子的安全感，让孩子感受到爱——如果孩子真的相信你爱他，他其实不会太在意你再去爱另一个人。

### 永远达不到的"公平"

睿睿和闵闵是一对兄弟，相差近四岁。小学二年级的睿睿是个活动力强、情绪起伏大、需要花时间养的孩子；相对哥哥，闵闳个性平稳，比同龄孩子早熟。虽然一样活泼好动，却比较贴心，较容易察觉父母的情绪。

妈妈说，从闳闳出生后，睿睿就有很严重的"老大情结"，对弟弟多有嫉妒。而她一直觉得睿睿没有哥哥的样子，爱争宠，爱捉弄弟弟，从不让弟弟，更别说照顾弟弟了。反而是闳闳长大之后，看到哥哥暴走，会比较让着哥哥。

"我觉得家里的哥哥像弟弟，弟弟像哥哥。"妈妈说。

有一天放学后，睿睿拉着妈妈一起做美劳作品，又要妈妈陪他做作业。被晾在一旁的弟弟一开始自己玩耍，但每当妈妈要去陪弟弟时，哥哥就是一阵发脾气，弟弟看到妈妈为难，就自动放弃要妈妈陪。但忍耐到最后，弟弟便在哥哥写作业的桌边赖着妈妈。哥哥看得很生气，觉得被干扰了。

妈妈跟睿睿说，我今天从你放学后都在陪你，我现在花半个钟头陪闳闳，吃晚饭后我再继续陪你好不好？作业不难，你应该可以自行完成。

睿睿不肯，他觉得作业很难，需要妈妈陪，而闳闳又在旁边吵闹。妈妈一边觉得作业很重要，她是该陪睿睿；另一边她又觉得没有陪闳闳很不好。在不知所措的情况下，妈妈请两兄弟自己去找出一个解决方案。

大闳闳很多的睿睿说，我们来猜拳好了。弟弟点了头，结果一猜拳弟弟输了。睿睿说："你输了，现在自己回去玩，不要吵我和妈妈。"阆阆听到睿睿这么说，整个下午的委屈全部冒了出来，开始大哭。

妈妈看让兄弟自行解决冲突也没有达到效果，而她真的已经陪老大很久，所以跟哥哥说："你们既然沟通无效，那现在由妈妈决定。我今天都没有陪到阆阆，我去陪他一下，你继续写作业。"

听到这席话的睿睿也突然掉下眼泪："我就知道你只爱阆阆。是你叫我们自行解决的，明明是阆阆输了不服气耍赖，你还是要我让他，你还是要去照顾他……"

好多和兄弟手足相关的纠纷，总是结束于看似无解的状况。

阆阆一直礼让哥哥，但他还小，也还需要妈妈，哥哥最后大吼"不要吵我和妈妈"，真的伤到了他的心。

睿睿本来就是需要父母花心思和时间养的孩子，而今天明明他照妈妈的要求，自己和弟弟处理问题了，妈妈最后却不管他们的决议，只是因为弟弟哭了就去陪弟弟，他也好委屈。

而无奈的妈妈，觉得手足纠纷好难，她怎么做都不对，怎么样都有人说不公平。

## 谁让谁，与年龄无关

这个故事是我综合这几年来，在演讲、上课以及在博客上，无数家长提问的手足纠纷总结而来。每一个案例在细节上或许有很多不同，但在"故事架构"上，各家演出的"剧本"却十分类似：

嫉妒的老大，需要被照顾的老二，卡在两者之间焦头烂额的父母，以及无止境的疑惑：明明都是从我肚子里生出来的，为什么两个人个性差异那么大？为什么两个人不能相亲相爱？

从以色列幼教理论和中介学习对话方式来看，在手足闹到大人不知所措时，要做决策和扛起责任的必须是大人，而不是把问题丢回给孩子。

要了解，在孩子陷入冲突或暴走情绪时，已经是感到非常受挫折，如果父母的态度是："我也好苦恼，我也没有办法，我真的不知怎么办。"那孩子收到的反馈就是："父母没有办法帮助我，没有能力守护我，没有办法带我走出困境。"这对于年龄愈小的孩子，愈会激发安全依恋系统的信息：让小孩子觉得无依和无助。

就上述情境，我会建议妈妈：

**1. 一开始便设定界限。**从一开始就温柔而坚定地告诉老大，她已经陪他从几点到几点，她今天完全没有陪到弟弟。她清楚老大还需要她的陪伴，但她现在要拨一些时间给弟弟，请他自己先写作业，需要妈妈帮忙的部分，先标示出来，等晚饭后再继续陪他。

**2. 不是"大"就代表"懂"。** 不要因为老大年龄比较大，对他就有较多要求。这是所有父母很容易犯的错误，总觉得大的就该"比较懂事""会让弟妹""有老大的样子""照顾弟妹"……而这些其实是根深蒂固的"偏见"。孩子并没有选择做家里的老大，只是凑巧如此，他们也不会做了老大后就变成老大。这跟每个孩子的天生气质、成熟度、个性有相当的关系。如果你家孩子在同伴面前是个被照顾的孩子，常常丢三落四，不会管理自己的时间，不大会收拾自己的房间和书包，不管他在家里排行如何，他就是一个比较需要父母和其他大人协助的孩子；也不会因为家里有了老二，突然"觉悟"自己是老大，要扛起更多责任，要让步、要同理、要照顾小的。

再说，家里有了弟妹，他是家里唯一完全没有准备，也不可能准备好的人。父母原本百分之百的注目焦点都在他身上，现在突然转移。不管天生气质如何，都是一种震惊和挫折（如果没有戏剧化到造成"创伤"的地步）。因此"谁照顾谁""谁让谁"都是互动出来的，只有老大够成熟，知道自己有能力照顾老二时，才会出现这样的行为，而不是被大人逼就能做到的。

面对家中的孩子，请先放下"排行"和"年龄"，先看到孩子本身，再思考他和兄弟姐妹的相处情况，才有可能帮得到两个孩子。

**3. 协助两边沟通，而非仲裁者。**如果已经决定要让孩子们自己处理冲突和纠纷，应该先帮助两边沟通，确定彼此懂得他们沟通了什么。特别是两者有明显的年龄差异时，千万不要放手让他们"自行解决"。年龄小的孩子，社交技巧缺乏，语言能力不足，单独沟通谈判时，容易被老大"带着走"，最后无法接受老大提供的解决办法。大人要确定小的明白谈判内容，并且清楚表达自己的意愿。

如果孩子已经自行处理，请大人接受孩子的处理结果，不管那是否符合我们的期待。不然就算父母是对的，孩子仍会有被欺骗和不被信任的感受。

在上述情境中，两个孩子处理后并没有让两个孩子都接受，小的还是哭泣。而且整个状况评估下来，妈妈是该去陪小的。但妈妈已经要孩子自己处理了，该怎么办呢？我的建议是，妈妈还是要出面谈一下孩子处理冲突的方式，赞美和检讨处理过程，看看下一次怎么样可以更好。

## 让老大成为神队友

接下来的策略，是所有专家都推荐的：把老大拉成父母的助手和伙伴。

可以单独和哥哥商量，告诉哥哥自己的矛盾，以及"我没有办法看弟弟一直哭，就像我没有办法看你哭一样""弟弟一直哭，我也没有办法专心陪你"。问哥哥有没有解决办法，能不能一起想出别让弟弟哭，也能让妈妈专心陪哥哥的方式。这是激发哥哥的同理心，和想要协助妈妈解决问题的最佳策略。

两个人相处本来就不容易，不管这两个人的关系是什么。如果再加入大人的偏心和偏见，那真会更加为难。

面对手足纠纷，我给的建议永远是：让每个孩子都感受到父母的爱，感受到自己被支持，觉得父母有看见自己。

如果家中的老二就是比老大成熟，比老大有能力照顾兄弟姐妹和让步，那就偶尔让老二去照顾老大吧。只要父母不要视为理所当然就好了！

Think About It
试试看! 你会怎么做?

"教养没有标准答案，只要听懂孩子的话，
就能找到专属你们的相处之道。"

1. 手足之间最常会有的冲突是什么? 他们的心结又是什么?

......................................................

......................................................

2. 在你们的亲子互动中，怎么做会加强心结的存在? 怎么
   做可以协助孩子们打开心结?

......................................................

......................................................

3. 请思考一项促进手足感情和互动的活动，并且评估执行
   的可能性。

......................................................

......................................................

# 让孩子相信"我可以"

　　如何让孩子知道自己的优点和潜力？一直告诉孩子"你可以""你没问题"是不够的。要让孩子看到自己的能力，需提供适当的环境，供其检测自身能力程度，甚至挑战比自我能力略高一点的难度，协助孩子获得生命中的小小胜利。当孩子经历了成功，才能建立起自我能力感和真正的自信。

　　升上小学四年级之后，小雅在课外活动中选取了"世界要塞"。"世界要塞"是个类似美国 YMCA 的青少年活动组织。他们通常在地区性青少年活动中心有自己的"要塞"，深入各个学校，举办十到十七岁孩子的各种团体活动，跟我们熟悉的童军营很像。活动经费来自于政府机构和民间组织补助，所以参加活动的费用非常便宜，各级学校都非常鼓励孩子参与。

各地区"要塞"的专职人员数量不多，经费争取、活动举办几乎全落在十五到十七岁的学生干部身上。我在YouTube曾看到过某个"要塞"需要整修，因此该区青少年在网络上发动募款；为了节省经费，大家利用下课时间跟工人一起铺地板、刷油漆与装潢等。

对于不擅长社交的小雅，愿意去参加一个这么高团队合作性质的活动，我和老公一来高兴，二来也有着担心。

为了这个野营活动，我们跟小雅谈了很多次。虽然她生在沙漠，长在沙漠，却不是大自然的爱好者。快十岁了，沙漠露营只去过一次，吉普车旅行也只去了五六次，比起许多一到周末就往沙漠钻的家庭，小雅更像是被保护得太好的娇娇女，来到户外会抱怨没水洗澡、没电子用品可以使用。

不仅如此，这次活动甚至连帐篷都没有，她得跟将近五十名十到十五岁的孩子，在夜空下，围绕着营火睡觉。

两天的行程，每天有四到六个钟头的步行时间，走在沙漠的山里，路径窄，落脚处都是沙；虽然已经近冬，中午仍然炎热，没有训练过的孩子，容易因为喝不够水而脱水，也很容易跌倒。

看完这个行程，我的直觉是担心，因为我不确定小雅是否有能力去参与这个活动。

## 让孩子看到自己的能力

在我接受的教育训练里，"让孩子看到自己的能力，并且提高孩子的能力感"是非常重要的，小雅愿意出门挑战自己的极限，我们本来就该替她感到高兴并鼓励她。

然而，父母也得小心，不要对孩子有过高的期待和误判，如果孩子的能力明明做不到，你却一直告诉孩子"我相信你做得到"，反而会影响孩子的自信和彼此的信任感，让孩子处于一种"我怎么努力都达不到父母期待"的困境。

所以，我们该做的是：**看到孩子真正的能力，也协助他看到，然后陪着他，鼓励他做比能力多一点点的事情，这样才有一直进步的空间。**

在我带的园班中，一两岁的孩子正开始学习走路和攀爬，也常跌倒。作为工作团队的带领者，我常常得告诉其他老师："要鼓励孩子自己站起来！"

"可是你也知道那种孩子，明明跌得很轻，却赖在地上像世界末日来了一样打滚，一定要大人去抱去哄才愿意起来，该怎么处理？"有次工作会议时，一个老师如此问。

"最差的做法是跟孩子说：'只跌一下而已，你以为我没看到？没那么痛啦，你是在哭什么！'如果你们真这样说，小心我开除你们。"我半开玩笑地说。工作团队的老师们倒是笑开了。

我会这样跟孩子说："很痛喔，来，过来让老师抱抱，你可以自己站起来啦，老师相信你，自己站起来，来老师这里，我等你。"也许你会觉得哪有那么痛，但那种小小跌一跤，父母就呼天抢地的孩子，从父母身上学会的就是"跌一下就很痛、很可怜、很危险"，他们通常不怎么愿意尝试身体活动，很容易退缩，所以我们的责任便在于让孩子看到本身的能力。

当孩子看到自己的能力时，都会很高兴、很自豪，渐渐发展出自信心。所以大人该做的不是阻止孩子跌倒，而是在这其中制造"成功经验"（跌倒了可以自己站起来）。只有孩子知道可以靠自己的力量站起来时，才会不怕跌倒，愿意尝试新的体能活动。

当然，这是在我们都很清楚"这个孩子本来就能爬起来"的状况下！

## 比耍赖更好的理由

虽然谈了很多次，小雅还是很坚持要去，结果出发的当天早上，她突然肚子痛！上学前我告诉她，如果人不舒服，中午下课就回家，别去参加野营活动。

那天学校行政人员在上午十一点打电话给我，说小雅人不舒服，一直抱怨头痛而且呼吸困难。正在上班的我以为是什么严重状况，马上告假冲到学校接她。没想到，小雅倒是一脸镇静地在写作业，看不出有什么异常。我们去找她的露营装备时，她还能跳上桌子！

把睡袋、背包扛回家的路上，我有些恼怒，忍不住语重心长地说："小雅，你知道心理会影响身体吗？今年开学还不到两个月，你已经好几次突然手痛、脚痛、肚子痛，不能去上才艺课；而今天已经是第三次伊妈跟雅爸接到学校电话，要丢下所有工作来接你，这让我们很为难，因为我们对工作也有很多责任。你要不要听听你心里的声音，看看是不是太累？有些课你其实并不那么想去，也许应该调整一下课表……"

"我是真的不舒服！"她吓了一跳说。

"我知道你人不舒服，我没有说你假装不舒服！"我继续解释，"我只是想说，心理压力太大或太疲累，很容易会影响生理状况。"

"真的？"

"真的，压力大或太累的人，会容易这里痛、那里痛。"我回答她，"你知道有些孩子因为拒绝上学，所以每天清晨会突然开始发烧，一直到早上九十点，确定不需要去上学了，又突然退烧。"

回到家，雅爸接手带她去诊所，我回去上班。十二点，雅爸打电话来跟我说，医生没找出任何问题，她在家里哭着要去营队。

"你真的要去？"她接过电话后，我这样问她。

"伊妈，你没有生我的气？"她小心翼翼地反问。

"我没有生你的气，只是有些情绪。一方面心疼你把行程排得那么紧，一天到晚因为太累而生小病，让我觉得心疼，这样你也很难享受学习啊；另一方面伊妈常常得为了这种事突然离开幼儿园，你看，你好好的，可以走路、背书包、和我聊天，但我却丢下所有孩子跟老师出来接你，我也有压力！"我回答。

"嗯，对不起！"她还是道歉了，"医生说我没事，虽然有些不舒服，但没有真的生病，所以我要去营队。"她想了想，依然坚持。

"那就去吧！"我心里叹息这孩子打死不肯放弃的个性，"记得爸妈都爱你，如果撑不下去，随时请领队打电话给我们，就算是三更半夜，我们都去接你！"身为妈妈，此时得当她的靠山，保证我们的肩膀一定让她靠。

讲完电话，我改拨给领队，解释了小雅的状况。这个非营利性组织有多年培养青少年的经验，领队们的反应都非常正向，也愿意扛责任："没有问题，我们有医护人员随行，只要她有意愿，就来吧！我们照顾她！"

就这样，雅爸把她的装备扛回学校，跟大家一起出发。我回头告诉同事，小雅还是去了营队，同事们把整件事当作孩子要赖的闹剧。

"要是我家孩子这样反反复复，我就不让他去了！"一个从南美移民来的同事说，"怎么有这种呼吸不过来要父母急奔去学校，突然发现没事又吵着要去营队的孩子？"

"哈，因为这里是以色列，不是那样养孩子。我们相信孩子反反复复可能有比要赖更好的理由，没有确定前，别因为自己的脾气就给孩子下判决书啊。"我这样开玩笑地跟同事说。

## 放手，同时也要守护

当然，我跟雅爸都准备好随时要接她回家。

当然，我们对她的态度反复与情绪过度起伏不定，解读并不一样。

雅爸认为小雅可能是因为生病，担心自己不舒服会没办法走完行程；我则认为小雅是因为压力而开始不舒服（也许有下意识的恐惧或抗拒）。

但无论如何，我们两人的教养态度都一致：只要孩子愿意去尝试，我们就支持，即使掐指一算，都知道成功概率不见得大。

小雅去营队的第二天早上六点，我的电话响起，传来小雅的哭声:"我一个晚上没睡,我好累,人不舒服。"

"你要我去接你回家吗?"雅爸把电话接过去问。

"你可以直接去海边吗?"(营队的最后一个行程是在红海边的结业式)雅爸望着我,我摇摇头。

"如果我现在去接你,我们就直接回家,不去海边,而是回家休息;如果你走完全程,我们去海边接你,并留在红海边吃晚餐。"真好,老公是我肚子里的蛔虫,摇个头,就知道我要说什么!

"不,我不帮你决定,你要留下来也好,要离开也好,你——要——自——己——做——决——定。"雅爸很坚持地说。

一通协商后,小雅决定要留下来。

这通电话过后,我们就再也没有接到她的电话了。下午五点,我们一家人到红海岸边等着她。

小雅一脸疲倦,但心满意足地走向我。我们跟众多来到现场的父母一样,心疼又骄傲我们的宝贝在没有父母陪伴下,完成了人生第一次的野外露营!

"我昨晚睡不着,所以就自愿去守夜!"她说,"两天来我哭了好几次,忍着没有打电话。那些带队的人很讨厌,一直要求我们做东做西,一直说我们做得到,明明都说不会了,也不肯相信，还不告诉我们现在几点钟……"

"可是，我昨晚学会自己生火了喔！"她忍不住兴奋地说。

"喔，那下次我们去露营，你负责生火。"我带着笑容回应她。

"所以我早点接你回家比较好，还是你自己走完全程比较好？"我们吃比萨时，雅爸问她。

"当然是自己走完比较好啊！"小雅理所当然地回答，"可是我早上累到睁不开眼睛，睁一只眼闭一只眼看路，一直跌倒……不过我不在意，也不在意为什么路这么长，怎么走都走不完。反正，最后也走完了！"她边说边笑了出来。

我相信，这次露营将是她的人生里程碑，让她再度认识到自己的能力和局限。而我们做父母的，只需要适时推一下，以及做强大的安全堡垒，让她安心测试自己，这样就好了。

"教养没有标准答案，只要听懂孩子的话，
就能找到专属你们的相处之道。"

1. 找出一项你看到孩子拥有，他自己却不知道的能力和
   优点。

   ........................................................

   ........................................................

2. 设计一个活动来协助孩子看到自己的潜能和优势。设想
   评估孩子在活动中的挑战和困难是什么，以及你在其中
   的角色又是什么。

   ........................................................

   ........................................................

# 赢在未来，
# 养出"虎刺怕"孩子

　　"虎刺怕"（Chutzpah）是犹太人的特有"个性品牌"，意指"勇敢、不畏权威、大胆"，也可以是"厚颜无耻、公然冒犯"。这个意思一体两面，在行为上的呈现也是如此；在以色列这是个package deal（成套协议），需要整体收下，很难只挑单一面向。

　　这些年来，我常常被问到："以色列教育和其他国家有什么不同？"以色列教育强调的自由、开放、尊重，等等，其实和大部分欧美国家主流的教育原则相去不远。若真要细究，我会说最大的不同在于"大人和孩子讲话的方式"；以这种方式养出来的孩子，往往不畏权威。

以色列人常说自己的孩子"虎刺怕"，这个词既是赞美也是责骂。但是，就算孩子有时会被养得没大没小、厚颜无耻，他们却宁愿继续保持下去，毕竟孩子能"不畏困难与权威""勇于批判并面对问题"，是犹太人极其重视的生存之道。

## 拿回自己的权利，维持自主性

我们家三个孩子都出生在以色列，养在以色列，家中父母一个是犹太人，另一个则是中国人。生活周遭除了我之外，一个华人都没有，成长在犹太人包围的环境中，三个孩子一个比一个"虎刺怕"。

老三大约三岁半时，因为换新的幼儿园，安全感有些不足，接连几天吃饭的要求很多：有一天煮意大利面，她要我用筷子把面条卷起来喂她；又有一天吃晚餐时，不肯用刀叉，硬要我把煎蛋、色拉、鸡肉全部切成小块，装进碗里一口一口喂她。

以色列基本上是不主张喂孩子的，我们家老三也从八个月大就开始自己进食。我知道她的能力，所以不担心发展有问题，就当她是撒娇，喂她吃了几餐。没想到，隔了两天，我认命地拿起汤匙要喂她，她突然用怜悯的眼神望着我："伊妈，你知道我已经很大了喔，不是小宝宝，很久以前就会自己吃饭，你不用每天喂我啦……"边说边一手拿走汤匙，"伊妈，你要认真吃自己的饭啦。"说完便自顾自地吃起饭来。

我哭笑不得地望着她，"虎刺怕"的孩子在需求获得满足后，会清楚确切地从大人手中拿回自己的权利，不让父母侵犯他们的自主性。

## 任何时候不受大人情绪影响，保持理性对话

再大一点，"虎刺怕"孩子不畏权威，在大人给的压力下仍能保持理性对话，更加展露无遗。

不久前，我被幼儿园孩子传染了肠胃炎，在家休了几天病假。终于有力气起床后，发现整个客厅塞满了玩具和杂物，我一边收拾，一边碎碎念，而且忍不住愈念愈大声，开始抱怨孩子乱丢东西。在客厅玩 Wii 的孩子，听我吼了一分钟后，都用同情的眼神看着我。

老大："伊妈，我们玩完游戏就会去收拾了，你大吼大叫东西也不会自动归位，这是浪费力气。"

老二："伊妈，你这样发脾气我们没办法跟你讲话。你是不是肚子仍然不舒服？要不要再回去躺一下？等你情绪好一点我们再谈。"

老三："伊妈，我们姐妹说好周六会收拾啦！你先收好大人的东西就可以了。"

这三个孩子没有人因为妈妈生气了就害怕或恼怒，反而试着努力安抚我的情绪。"虎刺怕"孩子会理智分析大人的情绪，找出具同理心的解决之道；她们也不会在大人生气时，觉得错的都是自己，反倒是觉得大人情绪失控很可怜。

我听完她们说的话之后，气也就消了，回房间继续休息。这种**"虎刺怕"精神，正是以色列孩子长大之后的利器，他们能够不被情绪影响，理性判断，与别人展开谈判，解决冲突，并为产业带来创新力道。**

## 双赢谈判能力，不间断的创新

为什么"虎刺怕"精神对于创新产业有帮助呢？我曾在演讲中，以我家刚满九岁的老二玛雅为例，传神地表达了"虎刺怕"孩子的谈判技巧。

故事是这样的，玛雅某天想要买某样物品，作为金主的妈妈，我也同意给钱，但因为暂时有其他事情（老三的家长会）占据我的时间与心思，对我而言，玛雅要的东西不急，所以决定隔天再买给她。

### 谈判1　告知好处，以利诱人

玛雅告诉我，如果今天先买了，她就可以做好预备，这和课业有关，早些开始自然有比较好的成果。我告诉她，我了解，但真的不急，而且实在排不出十五分钟去做这件事。她点了点头后离去。

### 谈判2　理解对方思维，寻求改变可能性

隔了几分钟后，她回来问我："为什么不能一个人去家长会？为什么要两个人一起去？去年我的班级家长会也只有你去啊？"

"因为老三今年升小学一年级，而且导师是新调过来的，没有人认识她。你爸妈平常忙，最好一起去认识她，不然之后沟通上会有些误差。"我向玛雅解释为什么我们得一起去。她听完才点点头离去。

### 谈判3　获得有效信息，提出双赢之道

过了一会儿，她不死心再来找我："伊妈，你们去家长会时做些什么？家长会是怎么进行的？"

当时，我还没有意识到她的意图，一边做晚餐一边回答："我们一到通常会先写贺卡给妹妹，开学第一周时，你不是也有收到我们的贺卡吗？这就是家长会要做的，写些祝福的话，画些小图案，等等；之后要在班级计算机中填写通讯信息，这得

由家长自己去做。两件事大概要花半个钟头，然后导师才正式开会……"

讲到这里，玛雅的眼睛突然一亮："伊妈，如果是这样，你和阿爸可以一个人写贺卡和填写信息，一个人带我去买东西，然后再一起开会，什么信息都不会错失啊！"

我听到这里就笑了，这孩子百分之百是以色列教育下养出来的"正向'虎刺怕'"孩子。最后，她得到了想要的东西，而且没有人不开心。

当金主说"NO"，而且理由合理时，她不吵不闹，只是设法从对方口中套出有利信息，往合理方向协调金主的行程和想法，最终达成双赢目标。

这种"不因为对方说'NO'就畏惧退缩，勇于寻找不同解决方案"的精神，无论是开发新产品或为新事业筹资，都是非常重要的精神。当一个国家养出许多这种特质的年轻人，并将他们聚集在一起做事，表现出来的潜能和创造力自然十分可观。

当然，想养出"'虎刺怕'精神"的孩子，需要有坚强耐磨的父母。

如果我们总是如此玻璃心，担心会被孩子挑战，甚至连有些"纠缠"的大人都应付不来，又如何期待自己的孩子从与大人的互动中，学到足够的榜样呢？

"教养没有标准答案，只要听懂孩子的话，
就能找到专属你们的相处之道。"

1. 试想最近一次被孩子挑战权威的对话，你的反应是什么？

........................................................................................

........................................................................................

2. 通常孩子会使用什么方法，促使你让步？那方法有改进
的空间吗？

........................................................................................

........................................................................................

3. 你怎么看待以色列的"'虎刺怕'精神"？

........................................................................................

........................................................................................

# 鼓励吵架，
# 反而学会了"正向沟通"

"面对冲突"是对话中相当高级的社交技巧，要能好好沟通、了解对方意图，并达成双方都接受的共识，"吵架"是必经之路。冲突不见得是坏事，能否将冲突转化成正面沟通，要视面对冲突时的心态、态度和抗压力能力而定。

我还记得上幼教课时，读了一个学期的理论课后，我们开始讨论现场实际操作中的种种困难。毋庸置疑，不管是在哪个年龄段，孩子发生冲突吵起架来，永远是老师最烦恼的时刻。

现场的教授已经上了年纪，从幼儿园实际操作到念完博士，之后又继续在众多幼儿园做幼师培训，在课堂上缓缓开口问道："当看到两个两岁孩子抢一样玩具时，你们会怎么做？"

（1）责备没有哭的那一个，把玩具给正在哭的（看起来是没有哭的那个错，虽然我们也不是很清楚）。

（2）（如果事先有看到）责备抢玩具的那一个，把玩具拿给被抢的那个。

（3）从两个孩子手上拿走玩具，放到别的地方，大家都没办法玩。

（4）让两个孩子不要吵，自行处理。

（5）其他。

教授念了一串许多幼师处理冲突的方式，然后询问我们好或不好。询问之前，自己先做出评论："我每次去幼儿园，看到高处放了一些看起来很热门的玩具，或是一整天的课表中孩子的自由时间很少，就知道这家幼儿园的老师功力不怎么样！"

这句话马上触怒了一堆学生，大家七嘴八舌地跟教授解释教育现场的困难；再说，上述做法到底哪个有错？错在哪里？

而我每次上家长工作坊和共学小组的课时，总有不少家长问我："吴老师，到底要怎样面对孩子之间的冲突？到底要不要介入？到底什么时候介入？"

一个家长说，他的孩子在公园玩耍，因为个性温和，其他孩子一直插队，让他的孩子一直玩不到游戏器材，他该怎么做？

另一个家长说，有次孩子在游乐场溜滑梯，他在上方，却有一个大哥哥一直从下方爬上来，大哥哥的家长也不管，他也不能管吗？

此时，我会跟家长们说，你们先来列选项，一般而言，碰到这些问题时会如何处理？哪个选项你觉得是对的，会安心地做？

## 大人不要当法官

再回到我的幼教课堂上，教授一如既往，慢条斯理地说："上述（1）到（3）的选项，是大人直接介入、直接判断、直接给答案。大人决定谁对谁错。你们是去幼儿园当老师，还是当法官？"

"选项（4）比较像是孩子来向你求救，说自己不会算术，你却要他自己想办法，也不给个方向或逻辑，还自以为是自由教学，好像孩子琢磨琢磨就会了。"

说到这里，大家稍稍安静了点，教授看起来知道自己在说什么，可能有些方式可以教大家。教授接着要我们思考，看到孩子起冲突，我们该如何介入？除了由大人"裁决"对错或提出解决办法，还有没有其他的方式？

"如果孩子是打人或咬人呢？"一个学生问。这种状况在两岁多孩子身上十分常见。

"那不一样，第一步自然是要制止肢体暴力，阻止孩子打人或咬人，需要时要把两个孩子分开，让他们冷静下来。"教授说，"然后告诉两个孩子，在幼儿园不准打人，就像老师也不准别人打他一样。第一时间，要同时给两个孩子安全感！"

## 五个步骤，带孩子正向沟通

好，那如果老师不能当法官，到底要怎么教孩子面对冲突？

**1. 不要在看到孩子冲突的第一眼，就决定谁对谁错。**很多时候，大人看到的那一瞬间，并不是所有的故事。一个打人的孩子可能是因为之前对方捉弄他或说了什么伤人的话；一个痛哭的孩子可能是因为抢不到玩具而哭，而不是玩具被拿走……大人太早下判断只会变成另一种伤害。

**2. 保护孩子，阻止肢体暴力。**如果冲突已经严重到咬人或打人的状况，第一步自然是分离两个孩子。如果孩子是在抢同一个玩具，老师可以先把玩具拿在手里，清楚告知孩子肢体暴力不是解决问题的方式，老师要保护每一个被肢体暴力的孩子。

**3. 询问经过。**如果孩子会说话，这个过程绝不能省略，而且要让两个孩子从他们的立场发言。孩子年龄越小，描述过程的能力越差，时间点也通常记不清楚。老师的角色不只是评判谁对谁错（很多时候不见得有对错），重要的是给孩子开口的机会，让他们觉得自己的立场"被听见"。

4. **用询问句取代命令句。**用"那我们现在可以怎么做？那现在要怎么办"取代"你为什么这么做？还不把玩具还给小美"等这些带有指责性和命令性的句子。把问题丢回给孩子，解释对方的情绪给另一个孩子听，让孩子自行思索。例如说："小杰很想玩你手上的玩具，所以才来抢。我已经告诉他不可以抢，就像我也不允许你去抢小杰的玩具一样。他现在还是很难过，很想玩这个玩具，我们可以怎么做？"听到这一点时，同学都大呼不可能，孩子还那么小，哪有能力解决问题？教授只是轻声地说，回幼儿园做实验之后再讨论。

5. **提供不同的取代方案。**如果孩子年龄非常小，还不大会说话，老师可以试着提供不同的取代方案，例如说："除了小美的之外，那边也有很多玩具，你要不要去选一个？""小美现在还想玩，你可以去玩别的，如果你真的很想要，能等小美玩完吗？""小美，他真的很想要你手上的玩具，你愿意让给他吗？"老师的角色，是陪着孩子一起想出一个双方都可以接受的方式。

## 面对冲突，大人该不该介入？

回到教育现场，真的能这样实际操作吗？来看看我们幼儿园的例子。

我带中大班时，有两个很要好的小女孩突然起了激烈冲突，两个人哭哭啼啼地来找我，解释说明时不停插话和指责对方。这时，我打断她们的话，要她们去拿来幼儿园处理冲突时的三把钥匙：一个耳朵钥匙，一个嘴巴钥匙，一个眼睛钥匙。

两个孩子猜拳，赢的人先选钥匙，拿到嘴巴钥匙的孩子先说话，拿到耳朵钥匙的孩子先听话。我则是那个拿眼睛钥匙的人，作为仲裁者，负责让讲话的孩子把话讲完，讲清楚；让听话的孩子把话听完，听进去。

A："我跟 B 在画画，我说想要红色彩笔。我一说，她就把红彩笔抢走。我跟她要，她又不给我，我很生气。"

（A 说的不长，但 B 还是一直打扰，而我的功能就是请 B 有耐心，记下 A 的重点及她不同意的部分。A 讲完后跟 B 换钥匙，现在换 B 讲。）

B："才不是呢！我听到她说要红色彩笔，很高兴地帮她拿起来，我是想帮忙，可是她伸手抢，说那是她的，也不听我说话就对我大叫，我很伤心，觉得被误会，所以不想把红色彩笔给她了。"

我："现在我们知道彼此的想法了。A，如果你是 B，本来高高兴兴地想要帮朋友拿彩笔，却被误会是你要捉弄她，你会怎么想？B，如果你是 A，已经说了要拿红色笔，却有人马上把笔拿走，你又会怎么想？"

让彼此试着站在对方的立场思考后，我再问这件事谁对谁错、谁要道歉。两个冷静下来的孩子都说自己没有错，对方也没有错，但大吵大闹和说了难听的话，这件事是错的，所以两人各自向对方道歉。

这是年龄大一点，而且人际互动较成熟的孩子。如果孩子小一点，我会提出听完后的想法，以及我觉得下次可以怎么做，让孩子在过程中学习如何听到、听懂对方的想法，了解对方的态度。这种教学活动，通常是从小班开始，重复一两年；等孩子升上大班后，只要冷静下来听完对方的话，解决方案都会自己冒出来，甚至有能力自己判断是非对错，与冲突的另一方进行协调或道歉，很多时候甚至不需要大人做"让彼此听懂对方言语"的中介者了。

所以，孩子面对冲突时，大人要不要介入？我的答案是：孩子年龄太小，或是沟通技巧尚未成熟时，当然要介入。特别是冲突的双方，有年龄差异和语言能力落差时，大人不介入很容易产生"以强欺弱"的情况。然而，大人介入并不是做裁判，告知孩子是非对错，而是协助引导孩子找出解决之道。

只有大人陪着孩子一起面对大大小小的冲突，自己（或与对方一起）思考解决办法，孩子才能**逐渐学会如何捍卫自己的意见，尊重别人的选择，面对不同意见并解决歧异。**

"你们总是帮孩子排解纠纷，裁定每次冲突的是非，就像是不让孩子自己吃饭，硬要喂他一样。这不只是某种大人施加给孩子的暴力，也剥夺了孩子学习与成长的机会！"为这堂课做结语时，教授这么说。

"教养没有标准答案，只要听懂孩子的话，
就能找到专属你们的相处之道。"

1. 你本人对于"冲突"的态度是什么？如何看待"面对冲
   突"这件事？

   .................................................................

   .................................................................

2. 当你的孩子面对冲突时，态度又如何？你觉得自己有没
   有能力协助孩子处理好这件事？为什么？

   .................................................................

   .................................................................

## 思辨是创新的开始
## ——从自律自主到"哈柏露塔"

这几年，故乡的朋友一直问我"哈柏露塔"（Havruta）的学习方式，好奇这就是让犹太孩子变聪明的学习方式吗？

我总是回答："是的，这是个训练思辨的学习方式。但想要使用这个方法，得从小培养能听懂话的能力，有讨论和反对的空间。孩子要有自己的想法，有对世界的好奇，才有能力提问；要有听懂对方的能力，才能真的进入辩论。"

"哈柏露塔"这个词在希伯来文中有"同伴""伙伴"的意思，原本是宗教上学习犹太经典的方式，是一种传统的对拉比辩证犹太经典《塔木德》（Talmud）一书的研究的方式，由两个学生一组，一起研读经文文本，然后展开分析、讨论、辩论。

学者奥里特·肯特（Orit Kent）在论文《哈柏露塔学习的理论》（*A Theory of Havruta Learning*）中，提出了由三对"核心实践"组成的哈柏露塔学习理论：倾听和表达（listening and articulating），好奇和聚焦（wondering and focusing），支持和挑战（supporting and challenging）。

换句话说，共同学习一部经典的两个学习者，必须先整理出自己对于文本的想法和论点，接着在共同讨论时，既能倾听对方的论述，也能清楚表达自己的想法；要对对方的论点提出好奇和质问的点，并且能够聚焦讨论的方向和要点，这样才有深度了解文本的可能性。而通过支持和挑战对方论点的方式，指出对方的矛盾和思考论证上的缺失，可以进一步强化队友的思考深度和强度，因而得到一个更深入或更有创意的结论。

## "哈柏露塔"，从挑战"经典"开始

以色列的公立学校并不学习所有的犹太经典，但我们随时可以看到这个学习方法变形"实践"于现代教育中。

我家老二玛雅在幼儿园大班时，学习了《圣经》中"摩西的故事"：当时在埃及为奴的犹太人被法老王迫害，许多犹太新生儿遭到杀害，因此摩西的妈妈无法藏匿孩子，就拿了一个用纸莎草做的箱子，涂上沥青，把摩西放进去，藏在尼罗河边的芦苇丛中，派摩西的姐姐远远看守着，看他会遇上什么事。

老师让五六岁的孩子两两分组讨论，提出他们的看法与见解：摩西妈妈这样做对吗？

玛雅回家后告诉我，有人说摩西妈妈太狠心，也有人说她很笨，因为宝宝这么小，容易被淹死……但玛雅觉得这个妈妈很聪明，因为埃及兵太多了，而且宝宝想哭就哭，不可能把他藏起来，所以这是唯一可以救摩西的方式。

当然，这么小的孩子还没有阅读文本的能力，也没有彼此辩证的能力，所以无法深入文本，在异议中找出一个大家共同同意的论点。这个阶段，只有提出不同意见的能力。

以色列孩子就是这样通过一点一滴的思考与辩论，建立起自己对于犹太人最重要经典《希伯来圣经》的理解与诠释。

小学二年级后，便有了《圣经》课程，每个孩子阅读同样的文本后，可以有不同的诠释与建构，老师不会打圈或打叉。所以到了高中毕业，每个人建立起来的古犹太人史观也各有不同。我想以色列对于《圣经》的解释千奇百怪，从什么学科、什么角度来看的都有，这和他们从小鼓励思辨有很大的关系。

## 不做玻璃心父母，接受孩子的挑战和质疑，启发思辨和创意

如果孩子天生的好奇心不被掩埋，并被教导如何跟其他人对话和面对冲突，在家里或学校，很难不去挑战大人的意见和想法。

犹太家庭鼓励孩子问问题，也鼓励孩子参与家中决定。我很少碰到在家不跟孩子聊天的犹太父母；而孩子在家时，如果有与父母相左的意见，一定会提出来，因此常会与父母争辩，试图找出父母思考或逻辑上的错误，并且提出他们认定最好的处理方式。

在这种环境中，做父母的不能玻璃心，也不能用"顶撞"或"没大没小"来教训孩子；面对孩子的挑战和质疑，一样要用合乎逻辑和理性思考的方式回复，设法和孩子达成共识，找出有创意的解决方案。

由于父母不对孩子"无理取闹"让步的同时，也给予孩子讨论和表达意见的空间，孩子就比较能够学会理性思考，找出互利方式来解决问题。

前文曾提到玛雅为了想要买到文具，试图与父母协商，整个过程她的情绪非常稳定，除了问题太多了一点，并没有干扰到

我。而最后理性分析并找出可行性，则让我非常惊艳。这一切的一切，都是因为在她不接受我的方案时，我没有玻璃心；我被质疑时，也没有觉得她"没大没小"，竟想调整大人的行程来符合她的需要。

大部分的犹太孩子，都是在家中和父母如此反复练习，挑战成功，找出新的解决方案；改变父母的想法和做法之际，开始了解他们有能力影响别人，改变世界。毕竟，如果像神一样的父母和老师都可以被他的新论点说服，还有什么困难是克服不了的？

## "哈柏露塔"与创新

"哈柏露塔"这套方法论，其实不见得一执行就有收获。如果对话的两个人没办法勇敢表达想法，听不懂对方的论点，无法聚焦，没有批判和提出新论点的能力，我想顶多只能达到"你我有不同意见"的结论。因此，"哈柏露塔"需要有文化背景作为前期训练。

当然，如果从一开始有好的中介者带领学习"哈柏露塔"，运用在不同的学习和工作领域，例如两个计算机工程师辩证新写好的程序，两个老师讨论新的教学法……他们可以讨论的深入性和激发出来的创意，将是非常巨大的。

例如说，以色列政府为了营救数以千计被困在苏丹难民营中的埃塞俄比亚犹太人，竟想出在苏丹海边村落租地做度假村的法子。以色列人在那里的主要任务是救援，但也教饭店客人潜水、玩帆板……最后不只把度假村经营成希尔顿等级的饭店，竟然还有盈余！

又例如说，发现传统汽车导航系统想要更新地图十分昂贵而且缓慢，以色列的 Waze 公司反向思考，由客户反馈当地路况，为地图做出更实地、实时的更新，不只省时，还很省钱。

这些创新一定和讨论者有聚焦、讨论、找出思考缺失与不足的能力正相关。这也是我一直鼓励故乡的很多父母学会中介学习与哈柏露塔的原因。他们不只能让孩子学会倾听、论述，看到对方思考的盲点，还可以共同激发出新的解决方案与创意；由于习惯跟父母对话，也可以平行提供意见与想法。通过父母的支持与爱，让孩子更大步朝向自己的成功道路前进！

**图书在版编目（CIP）数据**

赢在未来的"虎刺怕"小孩 / 吴维宁著. -- 北京：
北京日报出版社, 2019.8

ISBN 978-7-5477-3399-8

Ⅰ.①赢… Ⅱ.①吴… Ⅲ.①家庭教育 Ⅳ.①G78

中国版本图书馆CIP数据核字(2019)第143477号

著作权合同登记图字：01-2019-4355号

## 赢在未来的"虎刺怕"小孩

| | |
|---|---|
| 责任编辑： | 王　芳 |
| 监　　制： | 黄　利　万　夏 |
| 特约编辑： | 徐玲玲　朱静敏　丁礼江 |
| 营销支持： | 曹莉丽 |
| 版权支持： | 王秀荣 |
| 装帧设计： | 紫图图书 ZITO® |
| 出版发行： | 北京日报出版社 |
| 地　　址： | 北京市东城区东单三条8-16号东方广场东配楼四层 |
| 邮　　编： | 100005 |
| 电　　话： | 发行部：(010) 65255876 |
| | 总编室：(010) 65252135 |
| 印　　刷： | 天津联城印刷有限公司 |
| 经　　销： | 各地新华书店 |
| 版　　次： | 2019年8月第1版 |
| | 2019年8月第1次印刷 |
| 开　　本： | 880毫米×1230毫米　1/32 |
| 印　　张： | 7.75 |
| 字　　数： | 140千字 |
| 定　　价： | 49.90元 |